青蓝工程
专业能力必修系列

高中生物教师专业能力必修

gaozhong shengwu jiaoshi zhuanye nengli bixiu

教育部基础教育课程教材发展中心　组编

编委会主任：曹志祥　周安平
本　册　主　编：汪　忠

西南师范大学出版社
全国百佳图书出版单位　国家一级出版社

图书在版编目（CIP）数据

高中生物教师专业能力必修/汪忠主编. —重庆：
西南师范大学出版社，2012.4
　（青蓝工程系列丛书）
　ISBN 978-7-5621-5703-8

Ⅰ.①高… Ⅱ.①汪… Ⅲ.①生物课—教学研究—高
中—师资培训—教材 Ⅳ.①G633.72

中国版本图书馆 CIP 数据核字（2012）第 054982 号

青蓝工程系列丛书

编委会主任：曹志祥　周安平
策　划：森科文化

高中生物教师专业能力必修

汪　忠　主编

责任编辑：杜珍辉　马春霞
封面设计：红十月设计室
出版发行：西南师范大学出版社
　　　　　地址：重庆市北碚区天生路 1 号
　　　　　邮编：400715　市场营销部电话：023-68868624
　　　　　http://www.xscbs.com
经　销：新华书店
印　刷：重庆华林天美印务有限公司
开　本：787mm×1092mm　1/16
印　张：11
字　数：215 千字
版　次：2012 年 4 月　第 1 版
印　次：2012 年 4 月　第 1 次印刷
书　号：ISBN 978-7-5621-5703-8

定　价：25.00 元

《青蓝工程》
编委会名单

编者的话

在基础教育课程改革 10 周年之际，伴随着义务教育课程标准的再次修订与正式颁布，我们隆重推出这套"青蓝工程——学科教师专业能力必修系列"丛书。丛书立足于教师应该具备的最基本的教学专业知识与普适技能，为有效实施新修订的义务教育课程标准，深化基础教育课程改革，贯彻落实《国家中长期教育改革和发展规划纲要（2010—2020 年）》，助力素质教育高质量地推进提供了保证。

"教育大计，教师为本。"课程改革的有效实施和素质教育的贯彻落实需要一支高素质、专业化的教师队伍做支撑。教师的专业化发展在我国历来受到高度重视，但今天我国教师的专业化水平与社会的现实需求和时代的进步，特别是与教育改革发展的需要还存在着较大的差距。

以往，我们常常说教师要提高自身的专业水平或教学技能，但一个合格的教师究竟需要哪些最基本的专业知识与专业技能？教师的专业发展又该朝着哪个方向和目标去努力？这些问题，在教师专业化发展，尤其是在学科教师专业能力的提高上，一直以来并不是十分清晰。因此，我们聘请了当前活跃在基础教育学科领域的顶级专家，他们中的绝大多数是直接参与义务教育课程标准修订、审议或教材编写的资深学者，以担任相应学科的中小学教师应该（需要）了解（具备）的最基本的常识性知识和技能为出发点，总结了具有普适意义的学科教育教学知识和技能，力求推进教师教育教学能力的均衡发展，实现大多数教师教育教学能力的达标。从这个意义上，可以说这套丛书是教师专业化水平建设与发展的一个奠基工程，也是 10 年基础教育课程改革成果的结晶。我们希望青年教师不但能从书中充分汲取全国资深专家与优秀教师的经验、成果，更能"青出于蓝而胜于蓝"，在前辈的引领下，大胆创新，勇于超越，也因此，我们将丛书命名为"青蓝工程"。

丛书从"知识储备"和"技能修炼"两个维度展开论述（个别学科根据自身特点在目录形式上略有不同）。"知识储备"部分一般包括：①对学科课程价值的理解与认识；②修订后课标（义务教育）的主要精神；③针对该学段、该学科的教学所需的基本知识和内容等。"技能修炼"部分主要针对教学设计、目标把握、教学实施与教学评价等专题展开论述。每个专题下根据学科特点和当前教学实际设有几个小话题，以案例导入或结合案例的形式阐述教师教学所必需的技能以及形成这些技能所需要的方法和途径等。

本丛书具有权威性、系统性和普适性，希望对广大教师，特别是青年教师的专业成长能有实实在在的帮助。

丛书编委会
2012 年 1 月

目　录
C o n t e n t s

高
中生物教师专业能力必修
Gao Zhong Sheng Wu Jiao Shi Zhuan Ye Neng Li Bi Xiu

上　篇

知　识　储　备

　　高中生物是面向全体学生的,目的在于提高学生的生物科学素养,教师应本着这一理念,有针对性地开展概念教学、实验教学、活动教学、复习教学等。

专题一 理解高中生物学课程理念

一、观摩案例

思考分析：

1. 石老师的教学与现行学校教育过分注重知识传授的倾向有什么不同？
2. 石老师的教学过程体现了什么样的课程理念？

某段时间，各种媒体大量报道了有关疯牛病的消息，"疯牛病"已成为老幼皆知的名词。石老师通过图书馆和网站，收集了许多关于疯牛病和朊病毒的研究资料，他将在课堂上和学生一起探讨这个问题。

"为什么国家要严格控制牛肉的进口？这说明疯牛病有什么特点？"

"因为疯牛病会传染，它是一种传染病。"学生不假思索地回答。

"那么哪些病原体会导致传染病呢？"

石老师和学生一起回顾了以往所学到的传染病种类，归纳出病原体有寄生虫、细菌、真菌以及病毒等。石老师没有马上告诉学生疯牛病的病原体是什么，而是提出了更具挑战性的问题。

"如果有一种原因不明的传染病，如何着手寻找它的病原体呢？"

在之前的生物课中，学生曾讨论过分离病原体的步骤，石老师希望学生能够应用这一知识。果然，一个学生想到了解决问题的办法。

"从被感染的动物身上提取病原体，再用健康动物进行实验。"

"很好！"石老师进一步追问："现在我们要寻找疯牛病的病原体，应该从病牛的哪些（个）部位提取呢？"

学生纷纷提出了自己的看法，有的认为应该抽取血液，有的认为应该从肌肉中提取病原体。这时，石老师向学生展示了描述疯牛病、疯羊病症状的资料。通过对资料的分析，学生达成了共识："疯牛病主要表现为神经系统遭到破坏，最好从神经组织中提取病原体。"

石老师告诉学生，科学家与同学们的选择是一致的。当抽取患病动物的脑组织或脊髓液注射到健康动物后，健康动物最终患病。

接下来，石老师让学生讨论如何鉴别疯牛病病原体。交流过程中，石老师发现一组学生想到了用陶瓷纤维过滤器。在学习病毒的时候，学生已经了解到陶瓷纤维过滤器可以滤去寄生虫、细菌等，但会让病毒和化合物通过。大家集中对这一方案讨论之后，石老师向学生展示了科学家实际的实验结果（图1）。实验显示，未滤过的神经组织和滤过液都可以使健康动物感染该病。石老师又提出了问题：

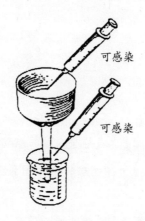

可感染

可感染

图1　陶瓷纤维过滤实验结果

"根据实验结果，我们可以对该病原体的性质和大小做出什么判断呢？"

"病原体可以通过陶瓷纤维过滤器，说明体积很小，应该是病毒。"一个学生肯定地说。

另一个学生补充说："经过滤的液体不可能含有细菌、真菌或寄生虫的整体，所以一定是病毒。而且报纸上也说了，是朊病毒导致了疯牛病。"

石老师并不急于纠正学生的说法，他让学生考虑一下，能否根据这一项实验结果就断定是病毒，会不会还有其他的可能，如果你认为是病毒，能不能设计方案进一步证实你的想法？

教室里出现了一段时间的沉默。终于，一个小组的学生提出了他们的假设："我们可以将滤过液中的病毒破坏，使之不能增殖。再用健康动物实验，如果动物不再患病，说明病原体就是病毒。"

"你们准备怎样阻止病毒的增殖呢？"石老师追问道。

"只要破坏病毒的 DNA 或 RNA，病毒将不能复制。加热或用福尔马林处理过滤液可以使 DNA 或 RNA 变性。"

石老师高度赞扬了这一组学生的设计方案，然后出示了图片（图2）。"实际实验的结果是处理后的滤过液仍然具有感染性！这说明了什么？"

学生感到非常吃惊："看来，实验结果否定了我们的假设，病原体不是病毒！"

"病原体还存在于滤过液中，下一步，我们怎样去寻找它呢？"石老师继续启发学生。

"滤过液中除了病毒，还有化合物，我们可以鉴定化合物的感染性。"

"非常好！"石老师感到很满意，进一步提示："化合物的种类有很多，我们可以从

高

中生物教师专业能力必修

Gao Zhong Sheng Wu Jiao Shi Zhuan Ye Neng Li Bi Xiu

图 2 感染性实验结果 A

最基本的生物大分子着手，用什么可以破坏蛋白质、脂肪和淀粉呢？"

这个问题对学生来说很容易。很快，学生设计好了一组实验，用不同的酶分别检验这三种大分子化合物。石老师适时地展示图片（图 3），并请学生对实验结果进行分析。

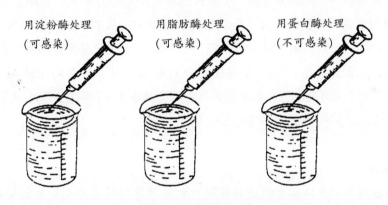

图 3 感染性实验结果

"原来病原体是一种蛋白质。"学生高兴地报告自己的结论。

至此，石老师总结：疯牛病的病原体是一种结构改变了的蛋白质，由于这种蛋白质能像病毒一样传播疾病，因而称为"朊病毒"。在石老师的指导下，学生认识了朊病毒这种新的病原体，了解到朊病毒的蛋白质本质。下课前，石老师还向学生提供了一些有关朊病毒研究的网站，鼓励有兴趣的学生通过查阅资料对朊病毒有更多的了解。

（摘自《普通高中生物课程标准（实验稿)》）

二、感悟高中生物课程理念

《全日制义务教育生物课程标准（实验稿）》明确指出生物课程理念的核心是为了每个学生的充分发展。课程标准提出的具体理念包括"提高生物科学素养""面向全体学生"和"倡导探究性学习"。

（一）"提高生物科学素养"的理念

科学素养是一个与时俱进的概念，科学素养的内涵随时代的变化而变化。科学素养概念应包括三个维度，即对科学原理和方法（即科学本质）的理解，对重要科学术语和概念（即科学知识）的理解，对科学技术的社会影响的意识和理解。由于这一科学素养概念具有独特而明确的内容，概括精炼、包容性强，逐渐为世界各国学者所公认。

与此同时，各国对公民科学素养状况的调查也逐步深入。1979年，美国对公众科学素养进行了系统的调查。科学素养的调查问卷包括了科学素养概念三个维度的测量题，并在其后每两年进行一次公众科学素养的测量。欧洲也很重视科学素养的调查，1989年欧共体国家对欧洲15个国家的公众科学素养开展了调查，并取得了重要的数据和研究结果。

我国于1989年首次在北京开展公众科学素养抽样调查。中国科协于1991年首先在上海进行调查试点，1992年首次正式进行了公众科学素养情况的调查。调查和比较显示，在理解科学知识的素养方面，中美两国公民的差距并不大，差距主要体现在理解科学过程的素养和理解科学的社会影响的素养方面。从2000年下半年开始至2001年上半年，中国科协对我国公众（18~69岁）的科学素养状况及其影响因素又进行了第四次调查。该调查显示，2001年我国公众具备基本科学素养的比例为1.4%，比1996年的0.2%提高了1.2%。与此相对，美国公众在1985年达到基本科学素养水平的比例为5%，到1990年这个数字已经达到6.9%。

观摩反思

在上述案例中，石老师没有像现行学校教育那样过分注重知识的灌输，而是十分重视科学思想、科学方法和科学精神的养成教育。在引导学生学习"疯牛病和朊病毒"内容的过程中，石老师没有直接传授"疯牛病的病原体是一种蛋白质"的结论，而是通过"那么哪些病原体会导致传染病呢""如果有一种原因不明的传染病，如何着手寻找它的病原体呢""根据实验结果，我们可以对该病原体的性质和大小做出什么判断呢""如果你认为是病毒，能不能设计方案进一步证实你的想法"等问题，一步一步地引导学生自己思考和分析，得出"原来病原体是一种蛋白质"的结论。

公民科学素养的差距主要源于教育理念。中国科学院院士无机化学家王夔曾深刻地分析了我国理科教育与科技进步之间的矛盾。他认为矛盾主要表现在：科技进步要求创新，而传统教育是以知识积累为主的；科技进步要求多样化，而传统教育教给学生的和要求学生接受的是单一的，而且是统一的观点和理论；科技进步日益依赖多学科、多方面、多途径的综合研究，而传统理科教育体系导致学习领域狭窄，从中学生到研究生越来越变成一个专门家，并只在弹丸之地打洞；科学进步要求动态思维及适应不断变化的问题和不断更新的工作方法，而传统教育强调巩固的、万无一失的常规方法。要培养公民的创新思想、素质和能力，必须从中学教学开始。王院士的观点也是许多有识之士对我国理科教育的共同认识。早在 2001 年中国科学院的《2001 科学发展报告》中就发布了由中国科学院提出的"面向 21 世纪发展我国科学教育的建议"。该建议明确肯定科学教育的目标应该主要是"提高全体国民的科学素养和培养具有创新精神、创新意识和创新能力的人才"，认为我国"科学教育的社会价值观明显偏颇，在现行的教育体系中学校教育过分注重知识的灌输而轻视科学思想、科学方法和科学精神的养成，尤其缺乏培养创新意识和创新能力的教育"等。

科学教育的基本任务是培养学生必备的、可持续发展的科学素养。在今天这样一个科学技术深刻改变我们生活、改变我们周围世界的时代，每个普通公民都应该具有科学素养。科学素养与生物科学素养之间是不可分割的包含关系。生物学是科学领域中的一门课程，因此，生物教育的基本任务就是培养和提高学生的生物科学素养。

（二）"面向全体学生"的理念

"面向全体学生"是指学校、教师应该平等地对待所有的学生，无论他们的年龄、性别、文化背景、家庭出身如何，教师都应赋予他们同等的学习机会，使他们在学校都能接受同等水平的教育以提高他们的科学素养。高中阶段虽然也是基础教育阶段，但它不属于义务教育，和《全日制义务教育生物课程标准（实验稿）》相比，《普通高中生物课程标准（实验稿）》将"面向全体学生"列为第二项课程理念，意义是明显的。高中阶段的教育对象仍然是全体高中学生，提高他们每一个人的科学素养、促进每一个学生的充分发展是基本的教学目标。

面向全体学生就意味着教师要尊重每一个学生，要给每一个学生提供同等的学习机会，使所有的学生通过生物课程的学习，都能在原有的水平上得到提高，获得发展。学生的背景不同，起点也不相同。例如，学生来自各不相同的家庭、社区、阶层、民族，他们所具有的文化背景和经验有很大的差异，即使一些学生有着相似的家庭和社会背景，也可能因个性、兴趣、习惯、动机的不同，而表现出学习风格上的差别。

面向全体学生也意味着课程的内容应该呈现多样性，应该满足不同层次学生的需求。过去在选择课程内容时，主要强调以生物学科知识为中心。以学科知识为中心，在课程内容的选择上就会更多地关注城市的学生和那些有希望升入高等学校的学生的需求。这种课程内容选择实质上是以培养"生物科学家"或"生物学专业人才"为价值取向的，具有很强的"精英教育"的色彩。然而，现实生活中能够成为科学家的学生毕竟是极少数，其结果必然是造成绝大多数学生陪着极少数"精英"读书，牺牲了大多数学生的利益。所以，教师在教学过程中应尽可能使教学呈现多样化，以满足不同学生的需要。

面向全体学生还意味着教师在教学过程中要因材施教，以适应不同智力水平、性格、兴趣、思维方式的学生的需要。例如，教师在保证全体学生共同发展的基础上，在高中生物学教学中要特别注意发展每个学生的个性和特长，把基本科学素养的培养目标与每个高中学生的个体发展目标恰当地统一起来，使每个学生的个性得到充分的发展。

问题探讨

和初中课程标准提出的"面向全体学生"的课程理念相比，高中阶段更应重视什么？

初中阶段更重视全体学生共同的、基本的要求，高中阶段更应重视每个学生的不同需要和个性的充分发展。

高中生物教师应该认识到，高中三个必修模块选择的是生物科学的核心内容，同时也是现代生物科学发展最迅速、应用最广泛、与社会和个人生活关系最密切的领域。必修模块内容能够帮助学生从微观和宏观两个方面认识生命系统的物质和结构基础、发展和变化规律以及生命系统中各组分间的相互作用，理解科学的本质、过程和方法，了解并关注生物科学技术在社会生活、生产和发展中的应用。因此，必修模块对于提高全体高中学生的生物科学素养具有不可或缺的作用，它们是每个学生个性充分发展的基础。

高中三个选修模块则是为了满足学生多样化发展的需要而设计的，有助于拓展学生的生物科技视野，增进学生对生物科技与社会关系的理解，提高学生的实践和探究能力。例如，"生物技术实践"模块重在培养学生设计实验、动手操作、搜集证据等科学探究的能力，加深学生对生物学知识的理解，提高学生在解决实际问题时运用知识的能力，使学生领悟生物科学与技术的关系，增进学生对生物技术应用的了解，提高学生的生物科学素养。该模块适合继续学习理工类专业或对实验操作及实用技术感兴趣的学生学习。"生物科学与社会"模块围绕生物科学技术在工业、农业、保健和环境保护等方面的应用，较全面地介绍了生物科技在社会中的应用，可以帮助学生更深入地理解生物科学技术在社会和现实生活中的应用，适于继续学习人文和社会科学类专业及直接就业的学生学习。"现代生物科技专题"模块以专题形式介绍现代生物科学技术一些重要领域的研究热点、发展趋势和应用前景，开拓学生的视野，增强学生的科技意识和学习生命科学的兴趣，为学生进一步学习生命科学类专业奠定基础。

同样，在各种版本的高中生物教材中都有一定的拓展内容供学生自主选择，满足学生自我发展的需要。教师应该进行积极的引导。

"面向全体学生"的课程理念还反映在日常教学活动中的方方面面。例如，教师应公正地评价每一个学生，保证所有的学生都有机会展示他们的学习成果和发展状况，

高中生物教师专业能力必修

Gao Zhong Sheng Wu Jiao Shi Zhuan Ye Neng Li Bi Xiu

促进每个学生的个性发展；教师应加强学习策略的研究，探索生物学的学法指导方法，提高学生的学习能力，有效地减轻学生的学习负担等。

（三）"倡导探究性学习"的理念

探究性学习是与直接接受式的学习相对应的，它是一种在好奇心驱使下的、以问题为导向的、学生有高度智力投入且内容和形式都十分丰富的学习活动，其基本特征可以概括为"活"和"动"两个字。"活"一方面表现为学生的积极性和主动性，另一方面表现为学习活动的生成性，即教室里实际所发生的一切不可能完全都由教师预设，学生在思维和行动上常常迸发出令教师意想不到但却充满童趣的智慧火花；"动"表现为学生真正地动手动脑。因此，新课程特别强调学生学习方式的改变，在许多国家的课程标准中，也都不约而同地将探究性学习作为理科各科教学的核心要求。

《普通高中生物课程标准（实验稿）》认为："生物科学作为由众多生物学事实和理论组成的知识体系，是在人们不断探究的过程中逐步发展起来的。探究也是学生认识生命世界、学习生物课程的有效方法之一。《普通高中生物课程标准（实验稿）》倡导探究性学习，力图促进学生学习方式的变革，引导学生主动参与探究过程、勤于动手和动脑，逐步培养学生搜集和处理科学信息的能力、获取新知识的能力、批判性思维的能力、分析和解决问题的能力以及交流与合作的能力等，重在培养创新精神和实践能力。"

9

问题探讨

倡导科学探究的目标究竟是什么？

生物课程改革的核心目标之一是实现课程功能的转变，改变课程过于注重学科知识传授的倾向，强调形成积极主动的学习态度，使学生获得知识与技能的过程同时也成为学会学习和形成正确价值观的过程。要实现这样三位一体的课程功能，探究性学习无疑是比较理想的载体之一。通过探究性学习活动，能激发学生从事物或现象中产生问题，促使学生积极主动地进行观察、实验、搜集证据、提出和求证假设、做出解释等建构知识的活动，并通过交流、辩论，使学生进一步扩展自己对知识的理解，提高质疑、推理和批判性思考科学现象的能力。通过"做"科学，通过手脑并用的探究活动，学生学习科学知识和方法，增进对科学的理解，体验探究的乐趣，在此基础上，能够学习知识，掌握科学方法，形成正确的科学态度等。

当然，我们也不是在神化探究性学习、人为地夸大它与现实生物学教学的距离，也没有必要去纠缠一堂探究课是否完整地经历了探究的每一个环节并在每一个环节中追究学生是否达到了独立探究的程度，更没有规定去刻意追求学生是否在程序上、形式上重复科学家发现的过程。我们看重的是学生的"学"是否真的主动了，学习方式是否真的多样化了。在上述案例中，石老师就是在实践这样的理念。

学生的学习方式并无优劣之分，在生物学教学过程中各种学习方式都有其独特的价值，相互不可替代。所以，普通高中生物课程标准在倡导探究性学习的同时也十分重视倡导多种学习方式的并用。普通高中生物课程标准的教学建议明确提出"探究性学习是重要的学习方式。但不应成为唯一的方式。不同的学习方式有各自的特点、优势和适用的条件，教师应根据不同的教学内容注意采用多样化的教学方式，如演示、讲授、辩论、模拟、游戏、角色扮演、专题讨论、项目设计、个案研究等。"

（四）"注重与现实生活的联系"的理念

长期以来，中学教育目标指向单一的认知领域，生物课程目标的设计忽视满足学生现实生活的需要的目标，从而导致生活意义的丧失，学生的整个精神生活定格在既定的教科书上，课堂生活缺乏现实感，缺少生命的活力、成功的体验、个性的张扬等，以至于对一些学生来说，学习成了他们的"苦役"。《普通高中生物课程标准（实验稿)》明确提出："生物科学与人们的日常生活、医疗保健、环境保护、经济活动等方面密切相关。《普通高中生物课程标准（实验稿)》注重使学生在现实生活的背景下学习生物学，倡导学生在解决实际问题的过程中深入理解生物学的核心概念，并能运用生物学的原理和方法参与公众事务的讨论或作出相关的个人决策，同时注意帮助学生了解相关的职业和学习方向，为他们进一步学习和步入社会做准备。"

高中课程标准倡导"注重与现实生活的联系"的课程理念，确立生物课程与社会现实生活的连续性，从而使新课程植根于学生生活的"土壤"。生物课程不是孤立于现实生活的抽象存在，而是现实生活世界的有机构成；生物课程不是把学生与其生活割裂开来的屏障，而是促使学生与其生活有机融合起来的基本途径。联合国教科文组织曾召开过以"为教育过程中的儿童争取'生活权利'"为主题的会议。会议认为，教育本身就充满着生活气息，教育中最危险的是儿童在学习过程中感到非常孤独，体会不到学习的乐趣。生物新课程的课程目标没有忽视必要的基础知识和能力，只是更重视密切联系现实生活，培养学生的实践能力、创新精神、学习的愿望及终身学习的能力。

观摩反思

"注重与现实生活的联系"的理念是针对现行生物学教学内容存在的偏离生活和以学科为中心等主要问题而提出来的。

石老师在教学设计阶段就考虑到，当时各种媒体大量报道了有关疯牛病的消息，"疯牛病"已成为老幼皆知的名词，是一个与学生现实生活关系密切的问题。他通过图书馆、网络等途径，收集了许多关于疯牛病和朊病毒的研究资料。

石老师在教学实施阶段又通过提出"为什么国家要严格控制牛肉的进口""那么哪些病原体会导致传染病呢"等问题引导学生联系生活实际和经验。

这些都说明石老师的教学体现了注重与现实生活联系的课程理念。

　　《普通高中生物课程标准（实验稿）》强调"生物科学与人们的日常生活、医疗保健、环境保护、经济活动等方面密切相关"。由于高中生物学的学习内容主要是"微观"的生命本质的内容，如果高中生物教学不联系现实生活，就很容易使生物教学变成死记概念和原理的过程。倡导这一课程理念，要求教师在生物学教学中广泛联系相关方面，让学生在现实生活的背景中学习生物学，最终达到学会运用生物学的原理和方法，参与公众事务的讨论或作出相关的个人决策。

　　《普通高中生物课程标准（实验稿）》还提出要"注意帮助学生了解相关的职业和学习方向，为他们进一步学习和步入社会做准备"，体现了高中阶段学习的特殊性。普通高中教育是在九年义务教育基础上进一步提高国民素质、面向大众的基础教育，普通高中教育应为学生的终身发展奠定基础。普通高中的课程内容既要进一步提升所有学生的共同基础，同时更应为不同学生的发展奠定不同的基础，其中主要包括为学生进一步学习和步入社会做准备。高中学生的进一步学习是指升入大学继续学习，这就要求教师在高中生物学教学中应让学生了解高等学校中与生物科学有关专业的专业要求和就业去向等。高中学生步入社会是指离开学校后从事某种职业，这要求教师在高中生物学教学中应让学生在学习学术性知识时，也能将这些知识与生产联系起来，将这些知识与相关的技能联系起来。例如，学习微生物发酵的知识时，教师应适当地将这些知识与当地的食用菌生产或食品发酵生产加以联系，使学生掌握某些职业的基本知识和基本技能，一旦他们进入社会就可能运用这些知识和技能，或者通过对这些知识和技能的拓展，较好地从事相关的职业。

专题二 高中生物学概念教学

一、观摩案例

思考分析：

1. 你平时是如何实施这一内容的教学的？

2. 王老师的教学设计是如何处理有关高中生物课程中的生物科学的概念的教学的？

······

教师：今天我们探讨的课题是"探索遗传物质的过程"。让我们一起追寻前人的足迹，感受探索遗传物质的曲折历程。请同学们注意：课本的学习目标、关键词是什么？简短的前言向我们提供了哪些信息？

学生阅读，明确教学目标和即将学习的主要内容。

教师：今天我们重点研究"总结人类对遗传物质的探索过程"。20世纪40年代以前，许多化学家和生物学家一直认为遗传物质应该是一种蛋白质。1928年，英国的格里菲思首先向此假设提出挑战，之后，经过许多化学家、物理学家和生物学家的不懈努力，遗传物质之谜终于被解开。

教师：1928~1940年，似乎是一个十分重要的时期，特别是1928年具有阶段性意义。为了便于研究，同学们能不能将人类探索遗传物质的过程分成几个阶段？各个阶段有哪些重大事件？

学生活动。

教师：许多同学在课前收集了相关研究资料。大家根据自己收集的资料，对1928年前后科学家对遗传物质的研究情况作简单介绍。

教师引导归纳格里菲思实验。

（1）实验设计方法有什么特点？

（2）实验组与对照组的设置有何不同？

学生说出实验结果。

（1）用S型菌、R型菌、加热杀死的S型菌、加热杀死的S型菌与存活R型菌混合感染小鼠，观察是否致死。

高中生物教师专业能力必修
Gao Zhong Sheng Wu Jiao Shi Zhuan Ye Neng Li Bi Xiu

（2）4组实验可成多组巧妙对照。

教师引导学生提出新问题：

（1）对上述实验结果的分析，是否能够说明遗传物质是什么？

（2）如果实验不能说明遗传物质是什么，你的问题是什么？

学生提问：加热的S型肺炎双球菌已死亡，与R型菌混合为什么会导致小鼠死亡？

学生阅读课文并说明：格里菲思发现加热杀死的S型肺炎双球菌与R型菌混合，使R型肺炎双球菌转化成S型菌。

分析思考：通过肺炎双球菌转化实验，格里菲思得出了什么结论？

学生尝试推测：在实验小鼠体内发现了活的S型肺炎双球菌，S型肺炎双球菌的后代还是有毒的S型肺炎双球菌。

学生讨论后概述：

（1）无毒R型肺炎双球菌转变成有毒S型肺炎双球菌，这种性状的转化是可以遗传的。

（2）这个实验只说明了细菌由无荚膜无毒类型转变成有荚膜有毒类型，不能说明究竟是什么物质发生了变化，这种物质发生了什么变化。

明确格里菲思实验的目的是研究不同肺炎双球菌的毒性，而肺炎双球菌的转化实验使他的研究深入探究生物遗传物质是什么的领域。格里菲思的实验使人们开始怀疑"蛋白质是遗传物质"。

教师引导学生进一步探究：

格里菲思的实验还不能说明遗传物质是什么。如果让你接替格里菲思进一步证明什么是遗传物质的话，你应该如何设计并实施实验？

学生尝试提出证明遗传物质的实验设计或方法。

教师引导学生阅读教科书"积极思维：为什么说噬菌体实验更有说服力"中的内容。

学生阅读、讨论、分析、说出要点：

（1）实验材料的特殊性：噬菌体由两种物质组成，即蛋白质和DNA。

（2）实验方法的可靠性：蛋白质含S，DNA含P，用放射性同位素标记。

（3）噬菌体侵染细菌方式：蛋白质外壳与DNA自动分离。

（4）噬菌体侵染细菌后处理：高速离心，物质分开。

（5）实验结果检测：蛋白质外壳留在大肠杆菌外，DNA进入大肠杆菌内。

教师：1952年赫尔希和蔡斯用放射性同位素^{35}S标记T_2噬菌体的蛋白质和用^{32}P标记T_2噬菌体的DNA，并用标记的噬菌体侵染细菌。许多科学家认为这一实验对证明DNA是遗传物质更有说服力。你同意这种观点吗？为什么？

学生交流后表明自己的观点：噬菌体DNA进入大肠杆菌内，而蛋白质留在大肠杆菌外，认同噬菌体实验对证明DNA是遗传物质的意义。并且，通过分析实验发现：实验材料、实验方法、实验手段对于科学探究是非常重要的。

教师引导。

学生总结和推断：（1）格里菲思发现转化的性状可以遗传，但不知道什么是遗传物质。（2）艾弗里发现DNA是遗传物质，但因提取物不够纯净，实验不够严密，不能确信DNA是遗传物质。（3）噬菌体实验巧妙而精确，使人确信DNA是遗传物质。（4）科学发展需要科学家不断地、创造性地工作。

（江苏省南京市金陵中学　王苏豫老师）

二、感悟高中生物学概念教学

高中生物学课程中有大量生物科学的基本事实、概念和原理的内容，这些内容的教学也就是我们平时所说的课堂理论教学，与生物学实验教学相对应。例如，在高中生物"分子与细胞"模块中的细胞的分子组成、细胞的结构、细胞的增殖等内容，高中生物"遗传与进化"模块中的减数分裂、遗传的基本规律、DNA分子结构、DNA复制、蛋白质合成等，都是典型的生物学基本事实、概念和原理的内容。其中，生物学概念教学是课堂理论教学的核心。

问题探讨

如何理解生物学概念教学？

高中生物学课程中有很多概念，如光合作用、细胞呼吸、有性生殖、细胞的全能性、遗传物质、DNA的复制、遗传变异、稳态等都是生物学中的核心概念。

以科学探究和科学发现为主要内容的教学过程，有利于对学生进行能力培养和情感陶冶，同时也需要概念的诠释。科学实验的结论以科学知识的形式积累起来，依靠各种媒体的传播，而概念则是对事物共同特点的概括，是知识传递的载体、思想升华的精粹，没有明确概念的知识，只能称为知识的碎片。学生在学习过程中，通过复杂的思维活动，在已有知识、能力水平上对探究获得的新知识进行重新构建，形成概念，不仅有利于加深对新知识的理解，还能够增强对科学实验与概念形成之间密切关系的认同感。由于客观条件的限制，有些与科学概念形成有关的实践活动不可能在课堂上展开，如果把其中的小实验介绍给学生，便能在一定程度上丰富概念，体现概念在科学实验中的重要价值。

李政道在回答怎样才能学好物理这一问题时就曾强调：学习物理的首要问题是要弄清物理学中的基本概念。同样，生物学概念是整个生物学知识体系的基础，如果把生物学这门学科比作高楼大厦，那么生物学概念就是构成这座大厦的基石，因此，生物学概念教学应成为生物教学的核心。生物学概念教学的效果如何，直接关系到学生对生物学知识的认知程度，进而影响学生整体知识网络的构建与拓展。中学生物学教学实践也表明，生物学概念是生物学教学中既不易"教"也不易"学"的内容。

其实，高中生物学教学历来都非常重视概念教学，但由于课程理念的不同造成了生物学概念教学的着重点各有不同。用新的课程理念和现代教学理论来审视目前的概念教学，我们会发现其许多成功之处，主要表现在目前的概念教学着重从生物学概念的文本出发，着力讲清生物学概念的内涵，即它们的理论内容和相关意义，也强调生物学概念的外延，即它们的适用条件和范围，更重视理清有关概念的联系和相近概念的区别。这样的教学严谨扎实，有利于学生在短时间内学习人类几百年甚至几千年积累的大量知识，形成学生自己的知识结构和技能技巧，进而学会知识的迁移和运用。

但目前的概念教学也存在一些明显的问题。例如，对概念形成过程的教学不够重视。教师在生物学概念教学的过程中有意无意地体现出过于强调生物学概念的知识本位思想，大大压缩了概念形成过程的教学。很多高中生物教师在教学中"重结果"的情况非常严重，引入概念时没有让学生对其必要性获得足够的感性认识，而是直接给出生物学概念，致使一部分学生只是死记了这些概念的内涵和外延，而没有真正理解这些概念的实质，学生对这些生物学概念没能通过感悟而"升华"。

再如，教师往往把少量的时间花费在生物学概念的建立和理解上，而将大量的时间花费在概念教学后的习题训练上。这种"快餐"式的战术虽然加快了教学进度，但缩短了学生的认知过程，与培养学生能力的要求相去甚远。学生对概念的学习应建立在"物质"的基础上，这个"物质"基础就是要让学生充分占有感性材料，经过同化和顺应建立属于自己的认知结构。"快餐式"的生物学教学的本质是面向"精英"而非面向"全体学生"，是专业教育而不是国民素质教育，结果是提高全体学生科学素养的课程理念难以实现。

观摩反思

在生物学课堂教学中，不可避免地需要学习结论性知识。这种在传统观念中认为以讲授方式为主的知识性教学，是否就必然形成被动和接受式学习呢？提到知识性目标，是否就必然会失去对能力和情感的培养价值呢？

王苏豫老师的这节课的主要教学内容是"总结人类对遗传物质的探索过程"，属于"生物科学基本事实"的内容。采用多媒体图文并茂地叙述并加以总结的方法，完全可以轻松地完成教学内容。

而王老师的教学过程从遗传物质之谜被解开的过程开始，激发学生的学习热情。

15

在学生明确了"格里菲思的实验使人们开始怀疑蛋白质是遗传物质"之后，教师又提出"如果让你接替格里菲思进一步证明什么是遗传物质的话，你应该如何设计并实施实验"的问题。

在学生通过阅读和讨论之后，王老师又提出："1952年赫尔希和蔡斯用放射性同位素^{35}S标记T2噬菌体的蛋白质和用^{32}P标记T2噬菌体的DNA，并用标记的噬菌体侵染细菌。许多科学家认为这一实验对证明DNA是遗传物质更有说服力。你同意这种观点吗？为什么？"

最后，王老师让学生总结出：

（1）格里菲思发现转化的性状可以遗传，但不知道什么是遗传物质。（2）艾弗里发现DNA是遗传物质，但因提取物不够纯净，实验不够严密，不能确信DNA是遗传物质。（3）噬菌体实验巧妙而精确，使人确信DNA是遗传物质。（4）科学发展需要科学家不断地进行创造性的工作。

这节课的知识性目标明确，"人类认识遗传物质的过程"和"遗传物质是什么"是核心知识。王苏豫老师在这类知识性教学过程中，积极尝试从传统的教学模式束缚中走出来，设计既适合达到知识性目标，又能达到情感和能力培养的教学情境，使学生在适合的情境中，把结论性知识的学习过程，由被动接受演变为主动获取，由死记硬背演变为领悟体验，把认真听讲演变为积极参与，将安静的课堂演变为信息交流的场所。

（一）高中生物学概念教学的基本过程

高中生物学概念教学应充分发挥教师是学生学习的引导者、组织者和帮助者的作用。生物学概念教学常包括"三个过程"。

重视概念的引入过程。生物学概念是客观事物的共同属性和本质特征在人们头脑中的反映，是生物学事物的抽象。任何一个生物学概念的出现都不是可有可无的，都是对客观事物本质属性的抽象，而高中学生的生理和心理条件决定了其抽象能力的缺失，因此，教师要能够在形成概念前使学生获得十分丰富的、有助于形成这个概念的感性材料，使学生认识到这一概念的重要性。

例如，王老师在"探索遗传物质的过程"这节课的开始说："今天我们探讨的课题是'探索遗传物质的过程'。让我们一起追寻前人的足迹，感受探索遗传物质的曲折历程。请同学们注意：课本的学习目标、关键词是什么？简短的前言向我们提供了哪些信息？"学生通过阅读和思考，明确了教学目标和即将学习的主要内容。

促进概念的变化过程。生物学课程标准对"能力"给予了更多的关注，课程目标不仅仅指向"结果性知识"，还指向"生成性知识"以及"生成知识的方法"。生成性教学在生物学教学中最直接的体现是"概念变化"。所谓概念变化，是指学生在新的学习中，不同程度地扩展、更改或重组头脑中的已有概念以适应科学概念，从而构建自

高

中生物教师专业能力必修

Gao Zhong Sheng Wu Jiao Shi Zhuan Ye Neng Li Bi Xiu

已的知识的过程。生物学概念的教学也应由传统的"预成性"教学向"生成性"教学转变，教学过程应以学生原有的知识结构作为新知识的"生长点"，将所要学习的知识"生长"到学生已有的认知结构中。

例如，王老师在"探索遗传物质的过程"这节课中，在引导学生建立遗传物质的概念时，让学生理解和归纳科学家对遗传物质是什么的科学探究过程，并得出结论。教师通过引导学生在概念变化和重建中循序渐进地理解遗传物质的概念。

体验概念的形成过程。每个生物学概念都是人类知识的结晶，铭刻着人类思维发展的烙印。如果我们在进行生物学概念教学的同时，能把浓缩在其中的思维历程部分还原稀释，让学生沿着前人思维活动的足迹去重演知识的产生与发展过程，从中发现、体验、掌握形成概念的方法和学习科学思维的方法，那就等于交给学生一把打开思维宝库的金钥匙，从而使生物学概念的教学成为帮助学生在掌握知识的基础上认识事物本质、训练思维能力、掌握学习方法的手段。

例如，对于高中学生而言，从科学角度认识遗传物质概念也是一个难点。王老师从分析若干科学家的创造性探究实验的过程、结果、问题等入手，让学生逐步形成"遗传物质主要是 DNA"的概念，在体验科学家概念发现的探究方法（如实验、推断等）的过程中，不仅获得知识，还获得相应的能力，培养相关的情感等。

（二）生物学概念教学的主要方法

高中生物学概念教学可采用许多方法，包括讲授法、学案法、概念图法等。

1. 讲授法是概念教学的重要方法

尽管课程理念发生了重要的变化，但运用讲授法进行生物科学的事实、概念和原理内容的教学仍然是目前常用的、有成效的高中生物学教学方法。讲授法是教师通过口头语言、辅以板书和媒体等教学手段向学生传递信息的方式，是一种以教师讲、学生听为主的教学方式。在这一过程中，教师控制着教学过程，根据学生的认知活动规律，通过传授使学生对所学习的内容由感知到理解，通过组织学生讨论，巩固运用所学的内容，强化学习的效果。在生物学课堂教学中，教师普遍采用讲授法证明它在掌握知识和技能中所具有的独特功能是无法否定的。讲授法最大的优点是能在短时间内让学生获得大量的、系统的科学知识。例如，王老师在"探索遗传物质的过程"这节课中的主体教学方法其实仍然是讲授法。王老师在大部分的时间里，采用多种媒体呈现思考和讨论的指导问题，引导学生独立或小组自主参与，配合精要的讲授，完成了"遗传物质"这一重要概念的教学任务。

当然，讲授法也有一定的局限性。例如，这种方法一般重课堂学习，重知识讲授，如果运用不当，容易忽视学生智能的开发和培养；重教师的活动和作用，容易妨碍和压抑学生的智力活动，使学生的思维发展缓慢；缺乏学习方法和形成能力的指导，容易忽视学生的探索求知欲望和精神；学生比较被动，教师难以及时获得反馈信息，也很难照顾个别差异。在采用讲授法的学习活动中，学生一般容易处于接受教师提供信息的地位，不利于他们学习主动性的发挥，这也是讲授法一直受到各方面批评和指责的主要因素。

问题探讨

如何实施生物学概念教学？

生物学概念教学是对生物体的生命活动过程中或生物界的各类事实以及生命现象本质的概括，让学生掌握一定的生物学知识既是生物新课程的基本任务之一，又是学生具有生物科学素养的基本要求和标志。初中生物课程中，光合作用、呼吸作用、有性生殖、细胞的全能性、遗传物质（DNA）、遗传变异、生态系统等都是生物学中的核心概念。

高中课程标准把提高学生生物科学素养作为重要的课程理念之一，并确定生物课程的知识、能力和情感态度价值观的三维教学目标。所以，在确定每节课的知识目标时，都要以生物学核心概念作为教学重点。教师在备课时学会区分概念和事实十分重要。

一般认为，事实性知识由感官可以直接得出，事实之间往往是相互独立、少有联系的，在教学中，事实性知识主要依靠实验、观察、测量等手段获得，或由于技术和时间限制不能直接观察测量而被告知。这说明在课堂教学中要重视直接经验，动手做、动手观测是较好的教学策略。许多教师喜欢采用讲授法进行事实性知识的教学与此不无关系。

概念是由众多事实归纳推理分析得出的，因此概念教学离不开事实，众多事实的支撑方可得出概念。教师在进行有关概念性知识的教学时往往更应重视思维的训练。例如，王老师在"探索遗传物质的过程"这节课中，不是简单地讲授事实、讲授实验现象和结果，而是非常重视思维训练。她引导学生从不同阶段的探究实验中所获得的现象去归纳出实验结果，再从实验结果去推理得出结论，这都离不开思维。

虽然事实性知识的教学和概念性知识的教学都离不开事实的感知，但区分事实性知识和概念性知识不仅能帮助我们更好地确定教学重点，而且还可以帮助教师根据不同的知识类型选择不同的教学方法。

同样，既然教学重点是对概念性知识的理解，那么除了针对事实性知识进行事实记忆的考试方法外，学业评价也应该向考察学生的理解力和推理能力的方向倾斜。

然而，正如奥苏贝尔指出的那样，讲授与接受不一定都是机械被动的，关键是教师讲授的内容是否具有潜在意义的语词材料，能否与学生原有的认知结构建立实质性的联系，教师能否激发学生积极主动地从自己原有的知识体系中提取最有关联的旧知

高中生物教师专业能力必修

Gao Zhong Sheng Wu Jiao Shi Zhuan Ye Neng Li Bi Xiu

识来巩固或类属新知识。因此，在教学实践活动中选择和运用讲授法，教师要注意以下几方面：

（1）科学地组织教学内容。有效地运用讲授法，要求教师要熟悉和把握中学生物学教学的目标要求，熟悉教学内容，了解学生的知识与经验基础；要对教学内容进行科学的加工、组合，将教学内容组织成为合理的教学结构；要结合实际激活和活化知识，把教材中处于静态的知识，变成具有生命活力的动态性知识。例如，王老师在课堂教学中把知识精心分解成"相信遗传物质应该是一种蛋白质"→"开始怀疑蛋白质是遗传物质"→"早期实验不能说明遗传物质是什么"→"后续实验证明 DNA 是遗传物质"四个阶段的课堂教学，将教材中的"死"知识活化成人类认识遗传物质的动态的知识，这样的讲授法显然不是"机械被动"的。

（2）教学语言设计要清晰、精炼、准确、生动。运用讲授法，要求教师的语言条理清楚、通俗易懂，音量、音速要适度，并恰当配以身体语言。在讲解过程中，教师应能够为学生留下思维的时间与空间；教师的讲解应有着丰富的启发性，强烈的感染力，能引导学生不断地深入领会和掌握教学内容。

（3）善于设问、解疑，激发学生的求知欲望和积极的思维活动。在实施讲授法的过程中，为了使学生能够积极地参与，讲授时应注重启发，给学生创设思考的机会，引导学生在求知欲望的促使下开展积极的思维活动，使学生在教师的讲解过程中，边听讲，边思考，边探究，主动地获得知识。例如，王老师在学生明确了格里菲思的实验过程后，进一步提出"如果让你接替格里菲思进一步证明什么是遗传物质的话，你应该如何设计并实施实验"，激发学生的求知欲望。

此外，还要考虑讲授的整体性策略。在讲授新内容时，应尽可能简练、清楚、明白；在引导学生理解新内容、进行发散性思考及联想时，应尽可能进行无拘束的、从容不迫的对话；在归纳小结时，应尽可能用概括性语言。同时，也要注意和其他教学方法结合起来使用。

2. 概念图法有助于学生建构知识网络

"概念图"是一种知识以及知识之间的关系的网络图形化表征，也是思维可视化的表征。一幅概念图一般由"节点""链接"和"有关文字标注"组成。节点由几何图形、图案、文字等表示某个概念，每个节点表示一个概念，一般同一层级的概念用同种符号（图形）标识。链接表示不同节点间的有意义的关系，常用各种形式的线链接不同节点，这其中表达了构图者对概念的理解程度。文字标注可以是表示不同节点上的概念的关系，也可以是对节点上的概念详细阐述，还可以是对整幅图的有关说明。

基于概念图教学情况，在促进学生对具体概念理解的传统教学策略基础上进行概念图的制作教学，应该会比教师自己进行概念图呈现能取得更好的教学效果。例如，初中生态系统成分的教学目标可包括：学生学会绘制概念图并系统掌握相关的生态系统知识。教师应该先对几个关键概念如生产者、消费者、分解者等采用传统概念教学方式加以处理，然后再通过概念图的绘制促进学生领悟、理解生态系统成分的知识，这样可使学生真正习得知识，也符合学生实际的认知规律，提高了教与学的效率。

在学生学完一部分内容后，教师可以鼓励他们用各种方式概括总结（如用图表、概念图、比较——对比表、文字描述或任何其他的他们喜欢的方式）。例如，在学完有关花的结构的内容后，教师可引导学生用概念图的方式归纳、总结和巩固所学的花的结构的知识（图），这对后面学习花的功能的知识也极为有利。

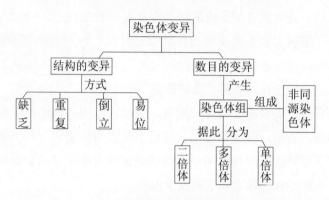

染色体变异基本知识概念图

概念图是信息处理的方式之一，是一种对陈述性知识的表征方式。我们不应排斥其他方式，应使各种方式互相补充，相得益彰，否则学生的综合能力就不会得到很好的发展。在高中生物的教学中，应针对学科内容特点，教会学生采取相应的学习方式，利用不同的知识表征方式加以学习，从而取得好的学习效果。例如，有关 DNA、RNA、染色体、基因等内容采用概念图比较好，而有关光合作用、呼吸作用、细胞分裂、生长发育等内容采用流程图的方式可能也比较好，而光合作用与呼吸作用关系的内容采用比较或对比表的效果可能更好。

概念图教学也有一定的不足之处。例如，教师需要花费较长的时间帮助学生学会如何使用概念图再现他们的知识；概念图往往反映了学生知识结构中的静态部分，因而对培养学生抽象思维能力、想象能力和运用科学知识解决实际问题的能力可能不如其他方式更加有效。

此外，高中学生对概念图学习策略的理解也可能具有一定难度。

当然，概念图作为一种较成熟的教与学工具或策略，在国外得到广泛推广，这说明其具有强大的生命力和实际效果。高中生物新课程标准强调培养学生搜集和处理科学信息的能力、获取新知识的能力、批判性思维的能力、分析和解决问题的能力以及交流与合作的能力等，概念图作为"学"的策略之一，能促进学生对生物学概念的有意义学习、合作学习和创造性学习，最终能使学生学会学习。同样，作为"教"的策略之一，它能有效地改变学生的认知方式，切实提高教学效果。因此，教师可以开展相关研究以使其更加适合自己的生物学教学的需要。

专题三　高中生物学实验教学

一、观摩案例

思考分析：

1. 你在高中课程的教学中，是否思考过实验教学对学习生物科学知识的意义？

2. 这个案例的教学过程体现了什么样的课程理念？

一、导入

在化学实验中，我们常常遇到需要加热或加催化剂的情况，催化剂对于化学反应的进行有什么作用呢？生物体内也有能够影响生物化学反应速度的催化剂吗？

生物体内每时每刻都在进行着复杂的化学反应，这些反应的进行都与酶有关。

什么是酶？酶与生物体内的化学反应有什么关系？今天我们研究的课题就是"酶与酶促反应"。

二、引入新课，认同生物体能够产生具有催化作用的酶

教师边讲边做：我们先来观察一个实验现象，请同学们观察实验现象的同时，思考实验的原理。

取 A、B 两个坩埚分别放置在三脚架上，在坩埚中放入等量的蔗糖，在 A 坩埚的蔗糖中加入烟灰，B 坩埚的蔗糖中不加入烟灰。将酒精灯点燃，置于三脚架下。

学生观察实验后交流：

1. 发现实验现象。A 坩埚中的蔗糖的燃烧速度比 B 坩埚中的快。

2. 推测实验原理。燃烧速度与 A 坩埚里的蔗糖中加入烟灰有关。

教师引导学生运用化学知识解释：烟灰含无机盐，有无机催化剂的作用。

得出初步结论：烟灰作为无机催化剂对蔗糖燃烧分解有催化作用。

教师提问：生物体内每时每刻都在进行着复杂的生物化学反应，生物体内能够产生影响生物化学反应速度的催化剂吗？你能说出几种生物化学反应吗？

学生议论：

1. 回顾已知的酶，如淀粉酶及其作用，说出唾液淀粉酶的存在和催化淀粉分解的作用。

2. 说出在淀粉溶液中加入淀粉酶很快有还原糖产生，认同生物体能够产生具有催化作用的物质，淀粉酶、蔗糖酶和蛋白酶等都是具有催化作用的酶。

教师通过列举实例，使学生初步知道有无机催化剂和生物催化剂之分，提示学生从已有知识和生活常识中发现催化剂的存在和作用，使学生知道酶在生物体中普遍存在。

三、学习新课，引导学生实验

教师引导：本小节包括ATP和酶两个重要的教学内容，ATP和酶都在细胞代谢中发挥重要作用。酶与酶促反应是本节的第二项学习内容，今天我们主要通过两个实验来认识酶。在认识酶的两个实验中探究了哪些问题？请同学们根据教材要求依次完成实验，在实验中发现问题、分析问题和解决问题。

实验课题1：酶具有催化性。

教师组织学生4人一组，利用实验器材参照课本中实验要求进行实验"酶具有催化性"。

学生活动：阅读教材内容，参考实验要求的步骤和建议，完成实验。

教师活动：在巡视过程中帮助学生解决一些操作上的问题，提醒学生注意对照实验的设置，仔细观察比较两个装置中出现的实验现象。

教师通过引导性问题，组织学生在分组讨论的基础上全班集中讨论实验。

1. 为什么选用新鲜酵母菌液和蒸馏水进行实验，而不直接用过氧化氢酶？

2. 实验现象有哪些？能确定酵母菌中含过氧化氢酶吗？为什么？

学生讨论：

实验预期：如果酵母菌细胞中含有能够分解过氧化氢的酶，在加入酵母菌液的实验装置中应该有较多的气泡产生，加蒸馏水的对照装置中没有气泡产生。

实验结果：在实验组中有较多的气泡产生，加蒸馏水的对照组中也有少量气泡产生。

实验现象分析：酵母菌能够产生过氧化氢酶，催化分解过氧化氢。由于过氧化氢在适宜的自然条件下，能够少量分解，所以加蒸馏水的对照组中也有少量气泡产生。

实验结论：酵母菌产生的过氧化氢酶催化分解过氧化氢，使过氧化氢分解速度加快。没有酶作用时，过氧化氢也能分解，但分解速度较慢。

教师引导：在加入酵母菌液的装置中过氧化氢大量分解，释放出较多的氧气，产生较多的气泡，说明酵母菌能够产生过氧化氢酶，过氧化氢酶具有催化性。在蒸馏水中，过氧化氢也有少量分解。这个实验也说明，过氧化氢酶能够加快过氧化氢分解的速度，酶是一种生物催化剂。

对于"酶具有催化性"的实验现象和结论，同学们还有哪些疑问？

学生提问：酵母菌细胞中含有多种物质，为什么说是过氧化氢酶使过氧化氢分解呢？在蒸馏水中，过氧化氢为什么也会分解呢？

教师：同学们提出的问题值得我们进一步进行实验。因为"酶具有催化性"实验确实不能证明是过氧化氢酶使过氧化氢分解，事实上可能还有多种因素影响过氧化氢分解。那么，怎样证明酶的特点以及影响酶活性的因素呢？我们继续实验。

实验课题 2：酶具有特异性。

教师活动：组织学生 4 人一组利用实验器材参照课本中实验"酶具有特异性"的要求进行实验，指出实验操作中需要注意的问题。

学生活动：学生 4 人一组，利用实验器材，参照课本中的实验要求进行实验，观察实验现象并讨论课后问题。

教师活动：建议学生增加一组鉴定葡萄糖的实验。

实验分组及记录：

	1	2	3	4
待测糖类	淀粉	淀粉	蔗糖	葡萄糖
添加酶类	淀粉酶	淀粉酶	淀粉酶	—
检测试剂	稀碘液	斐林试剂	斐林试剂	斐林试剂
结果	蓝→褪色	砖红色	蓝色	砖红色

在学生实验结束后，教师引导思考：

1. 实验中为什么增加检测葡萄糖的实验？结果是怎样的？

2. 实验中采用了哪些酶？反应的底物是什么？通过哪些现象说明淀粉酶的催化作用？

3. 这个实验的结果能说明淀粉酶具有特异性吗？如何进一步设计实验证明酶具有特异性？

4. 蔗糖溶液在什么条件下与斐林试剂反应能够产生砖红色沉淀？

5. 实验中有保温和水浴加热两个步骤，它们的区别是什么？对实验有什么影响？

学生讨论的结果：

1. 增加葡萄糖溶液作为实验对照组。用斐林试剂测定淀粉的水解产物，和葡萄糖溶液与斐林试剂的颜色反应一致——砖红色，说明淀粉溶液中产生了还原性糖，而蔗糖溶液中则没有还原性糖产生。

2. 实验结果表明，在加入淀粉酶的淀粉溶液中，淀粉分解产生还原糖，溶液中的还原糖与斐林试剂产生砖红色沉淀。蔗糖溶液没有分解，说明淀粉酶能催化淀粉水解，不能催化蔗糖水解，说明酶有特异性。

3. 通过特定的化学试剂检测物质的变化，是检测物质常用的手段。若将斐林试剂改为碘液，能够根据淀粉与碘液反应的变化——蓝色逐渐消失，说明淀粉逐渐减少，也可以用来说明淀粉酶对淀粉的分解作用，但不能说明淀粉的分解产物是否是还原性糖，即不能鉴定分解产物是什么。还可以通过在淀粉溶液中加入蔗糖酶的方法等，说明酶具有特异性。

4. 蔗糖溶液在蔗糖酶的作用下，分解产生果糖和葡萄糖两种单糖，都是还原糖，与斐林试剂反应能够产生砖红色沉淀。

5. 实验中的保温程序是为维持使酶具有活性的适宜温度，水浴加热是为加快还原糖与斐林试剂的反应。

四、反思实验过程，归纳实验结论

学生阅读课文，观察图示，举例说明酶的特性：

1. 由过氧化氢酶分解过氧化氢的速率，说明酶的催化作用具有高效性。

2. 由淀粉酶能够分解淀粉而不能分解蔗糖，说明酶的催化作用具有特异性。

五、运用实验结论，总结酶的概念

学生阅读课文，联系实验结论和对酶作用特性的描述，总结酶的概念：酶通常是指由活细胞产生的、具有催化活性的一类特殊蛋白质及少量 RNA，又称为生物催化剂。

六、进一步探究，实现知识迁移和能力提升

如何证明绝大多数的酶都是蛋白质？（举例：检测蛋白质的方法）

还有哪些特殊的酶？（举例：少数酶是 RNA，端粒酶由 RNA 和蛋白质构成）

（江苏省南京市金陵中学　王苏豫老师）

二、感悟高中生物实验教学

"倡导探究性学习"是《普通高中生物课程标准（实验稿）》的基本理念之一，课程标准同时提出了"组织好探究性学习"和加强实验及其他实践活动的教学建议。生物科学的基础是实验，认真落实实验教学，创设探究性学习的情境，引导学生进行探究性学习，是高中生物实验教学的基本任务。学会运用科学的思维方式和科学的实验方法发现问题和解决问题，是探究性学习的灵魂和核心。教师需要在实验教学的各个环节中发现可探究的问题，体现生物实验教学的实验性和实践性。

（一）高中生物学实验的教学功能

科学实验从生产实践中分离出来，成为比较系统的实验科学，是以运用各种专门的实验工具和形成一套系统的实验研究方法为标志的。生物学实验在生物科学研究中具有重要功能。

问题探讨

生物学实验在生物科学研究中有什么作用？

生物学实验具有丰富人的感性认识的功能。感觉是人们认识事物的开始，但是人的能力是有限的。例如，人的眼睛只能感觉到波长为310～750nm的可见光，紫外线、红外线、X射线、γ射线等人眼都看不到。生物学实验则能扩大和改善人的感觉器官的感觉能力：借助显微镜，人眼的"分辨率"远远超过了0.1mm的极限；借助PCR仪，人能"阅读"到大分子的精细结构等。生物学实验能为人们提供更加丰富的认识内容。生物科学研究一般都是在一种特殊的、人为的、严格控制的条件下进行的，即在不受各种复杂因素干扰的情况下进行的。例如，我们在野外观察杨尺蠖的生活史，由于树太高难以观察到它的幼虫生活在树上的状况；由于卵太小难以观察到卵在土壤中的越冬和孵化过程等，都会妨碍我们对它们生活史的研究。而如果我们将杨尺蠖的幼虫收集到实验室，在人工制作的昆虫饲养笼内培养，模拟它们的生活条件，饲喂它们所喜欢吃的杨树叶等，就能清楚地观察到杨尺蠖生活史的各个阶段。

生物学实验是生物科学理论赖以产生的基础。生物学实验本身具有的许多优点使得生物科学有可能凭借实验优势，超越自然状态下的局限，推动生物科学理论的研究和发展。许多生物科学的重大突破是由精巧的生物学实验设计和实施而取得的。

生物学实验是生物理论运用于生产实践的桥梁和中介。生物学实验的直接成果是对生命本质及其规律性认识的精神产品，而不是生产物质产品。但把生物实验中获得的认识成果运用到生产实践中去，就能够不断地促进生产实践。生产实践水平的提高依赖于生物科学的发展，其中介就是生物学实验。19世纪中叶以后，由于分子生物学和生物技术的迅猛发展，促进了新兴的生物科学和生物技术产业的发展，而这些产业的发展都是以生物学实验为前提的。同时，生物学实验是在小规模的、简化了的或模拟状态下的特殊的实践活动，实验成果一般不能立即应用到大规模的、复杂的生产活动中去，还需经过生产性实验，在比较接近生产活动的条件下扩大实验。

生物学实验是检验生物科学知识真理性的重要依据。在科学实验从生产活动中分化出来以前，对科学知识的真理性的检验只能依靠生产实践活动。当科学实验分化出来之后，它在检验科学认识的真理性方面具有重要意义。其原因有三：首先，生物学实验所取得的结果并不取决于人的主观愿望，而是客观存在的。例如，孟德尔在18世纪末通过对豌豆的7对相对性状的研究得出相关的遗传规律，就是生物遗传规律的客观反映。尽管当时的生物学家并未真正理解这些规律，但是当若干年后的生物学家再次发现这些规律之后，很快就被大多数遗传学研究者所接受。其次，生物学实验具有普遍性，即具有一般性、共同性和规律性。这为人们认识生命及其规律提供了现实的可能性和途径。最后，生物学实验具有直接现实性。相对于生物科学知识的间接现实性来说，生物学实验能将生物科学知识转化为直接现实的东西，具有直接现实性。我们常常通过观察或实验的方法来验证生物学理论的真理性。例如，采用测定氧气的释放量或二氧化碳的吸收量的方法，可以了解植物的光合作用。

生物学实验在高中生物学教学中也具有十分重要的作用。许多生物学教师对生物学实验的功能认识不足，对各类生物学实验也不能进行分类教学指导。例如，认为"做实验"不如"讲实验"的效果好，把探究性实验设计为验证性实验或把验证性实验都改成探究性实验，这些做法明显影响了生物学实验教学的效果。

1. 高中生物学实验教学是探究性学习的主要途径

酶与酶促反应是高中生物必修 1 "ATP 和酶"的内容之一。认识酶的实践活动，是在传统实验基础上有所变化的两个实验。实验 1 用酵母菌代替了单纯的酶，分别用蒸馏水与酵母菌液作用于过氧化氢进行对照实验，使学生通过实验过程和实验现象，推测生物体内可能含有能够加快生物化学反应速度的物质——酶。实验 2 是验证酶的特异性。教材中以表格的形式设计了实验步骤，实验现象和结论需要学生通过实验获得，力图引导学生像科学家一样进行科学探究。

观摩反思

王老师在教学过程中认识到，既要充分发挥教师对实验进程的引导作用，又要促进学生的探究性学习，为此，她为学生提供了充分的自主活动所需要的时间和空间，使学生在实验过程中，向科学家一样通过观察现象、思考原理，有所感悟、有所发现。例如，在教学中王老师的行为表现主要有：

告诉学生实验室中有本实验必需的器材，在阅读教材的基础上，根据学习、实验和研究需要，可以选择合适的器材进行实验。如实验台上有一定浓度的 α-淀粉酶、新鲜的酵母菌液等，并且贴有标签。

在实验和研究活动中注意学生的动态，引导学生抓住学习重点，积极思考、发现问题。鼓励学生在实验中注意观察和分析，耐心等待学生发现问题，并在实验中寻求答案。

学生主动参与活动的行为表现是：认真听取教师的建议，在仔细阅读教

高中生物教师专业能力必修

Gao Zhong Sheng Wu Jiao Shi Zhuan Ye Neng Li Bi Xiu

材、观察教室中的实验器具后，初步知道实验内容和实验所需的器材，思考如何应用器材进行实验。分组商议实验方案，仔细分析实验方法及步骤，并按步骤有序地进行实验。在实验中，边做边学边思考，发现问题后及时提出来，与同学和老师一起探讨。

通过两个实验的探究过程，学生感性认识酶的催化作用和作为生物催化剂的酶的特性。从"认识酶"的实验探究性学习过程中，可以看到"问题"对于实验进程的重要影响。在以验证性为目标的实验中，教学过程的设计围绕着结果展开，实验结果是课堂关注的重点。例如，"观察植物细胞的质壁分离和质壁分离复原"的实验，在传统的验证性实验中，是否能够正确使用高倍显微镜进行观察、能否说出细胞发生质壁分离或质壁分离复原时的外界溶液浓度、能否指出细胞质壁分离或质壁分离复原现象等是教学的重点。而同样的实验，放在"物质的跨膜运输"的教学情境下，在"探究植物细胞结构和功能的统一"的实验中，教学重点就发生了变化，能否提出与"植物细胞的质壁分离和质壁分离复原"有关的问题是教学的首要任务，而是否能够正确使用高倍显微镜进行观察、能否说出细胞发生质壁分离或质壁分离复原时的外界溶液浓度、能否指出细胞质壁分离或质壁分离复原现象等，则成为解决问题的实验过程的一部分。

在实验教学中进行探究学习，理解实验的基本原理和基本方法非常重要。在"认识酶"的实验中，酶的有关知识是支持实验探究的基础。在实验过程中，酶的催化性、特异性等功能特性是实验探讨的内容，而选择什么样的酶作为实验对象，在什么样的条件下进行实验，对实现实验目的有很大的影响。以实验器材准备为例，实验1需要试管2支，用于设置对照组和实验组，质量分数为3％的过氧化氢溶液是催化反应的底物，新鲜酵母菌液和蒸馏水是实验试剂，有无过氧化氢酶是需要控制的变量。因为蒸馏水是纯水，鉴于水的理化特性，过氧化氢在其中的变化主要基于物质自身的理化因素，在过氧化氢溶液中加入蒸馏水可以作为对照组，新鲜酵母菌液含有活的酵母菌，细胞中含有多种酶，过氧化氢在其中的变化则可能与酶的催化作用有关，此组作为实验组。在进行实验2时，用以说明酶的作用的主要是淀粉是否分解，是否产生了还原性糖，所以用菲林试剂作为检测试剂、水浴加热加快反应速度，也可以通过碘液来说明淀粉是否发生了分解。而同样2支试管中酶是质量分数为2％的淀粉酶溶液，底物分别是质量分数为3％的可溶性淀粉溶液和质量分数为3％的蔗糖溶液，构成了互为对照的两个实验组。

"认识酶"的两个实验也表明，实验组和对照组的设置不是一成不变的，在探究不同的问题时，它们的作用也可能发生转换。例如，过氧化氢在蒸馏水中为什么也会分解？实验中对一个问题的探究可能引发另一个问题。可见，高中生物实验教学不可能仅仅是追求某个结果的实验过程，而是复杂的科学发现和探究结果的过程，而正是在经历模拟科学家的科学发现的过程中，由实验现象和结果激发出来的新问题又产生了。

探究性学习不仅关注实验过程的步骤实施，关注对实验原理的探讨，还特别强调对形成结论的谨慎态度。在"认识酶"的第一个实验中，虽然设置酵母菌和蒸馏水作为对照，以期说明酵母菌细胞中含有过氧化氢酶，能够催化过氧化氢的分解，但是因为细胞结构和功能的复杂性，仅仅以此一个实验推断酶的催化作用是远远不够的，所以第二个实验就被赋予了两个任务：进一步说明酶具有催化性和说明酶的催化作用具有特异性。如果我们进一步探究酶，会有什么样的问题吸引我们呢？

2. 高中生物学实验教学是促进学习方式改变的重要途径

科学研究是探索未知和寻求答案的过程。实验活动必然涉及许多生物学原理、概念、规律等理论知识，学生在实验中既会提出问题并在活动中寻求解释，也会在理论知识的指导下探究新的问题，实验教学的过程，有利于实现实验的探究性和思维活动的创新性。生物学科的爱好者或学有余力的学生如果能够通过科学实验，进一步培养学习生物学的兴趣，参与学科的创新活动和竞赛活动，既有利于学习方式的改变，也是培养个性化人才的重要途径。

实验教学促进学生进行探究性学习。例如，有的教师在讨论"池塘富营养化"的问题时，有的学生希望对"富营养化的池塘水中有哪些微生物"等问题进行探讨，该教师不拘泥于教材内容，鼓励学生开展相关研究。因此，学生的研究能够摆脱已有知识的限制，微生物的基础知识如微生物的种类、数量和分布等都要通过查阅资料获得，对正常池塘水中微生物的情况、池塘水污染原因、微生物的培养方法等问题以及当地的湖水、池塘水、河水，进行实地调查并取样，分析水源地的污染源调查结果。在此过程中，教师需要充分发挥主导作用。

问题探讨

在实验教学过程中如何发挥教师的"主导"作用和学生的"主体"作用？

目前认为，在教学过程中要充分发挥学生学习的"主体"作用，当然，这个主体作用是在教师的"主导"作用下完成的。实验教学也不例外，实验课教学活动的每一环节都应在教师指导下进行，其最终目的是服务学生这一主体。

1. 操作规范、指导科学

操作是一种技能，必须通过反复实践才能培育。在实验中，只有正确地操作，才能产生明显的现象，获得准确可靠的数据。而高中学生操作能力较差，教师在实验中应要求学生人人动手，态度要认真，操作要规范、准确，使学生养成良好的实验习惯。例如，在王老师的教学案例中，使用斐林试剂鉴定还原性糖，就要求教师能科学、规范地操作和指导，从而使学生规范操

高
中生物教师专业能力必修
Gao Zhong Sheng Wu Jiao Shi Zhuan Ye Neng Li Bi Xiu

作，顺利完成实验。

2. 循序渐进，提高学生的观察能力

学生观察能力的培养是需要教师的诱导和启迪的。学生在观察活动开始时，往往带着强烈的兴趣和好奇心，但是他们的注意力往往不集中，对实验中出现的现象往往观察不到位，分不清重点，有时甚至忽略了本质现象，因此教学时，教师要让学生明确观察什么，怎样观察，要教给学生科学的观察方法，如常用的重点观察法、对比观察法和归纳观察法等。另外还要指导学生进行有序观察：先整体后局部，由表及里。例如，在王老师的教案中，她注意引导学生先观察酵母菌的过氧化氢酶能催化分解过氧化氢而产生氧气泡，然后又引导学生观察由于过氧化氢在适宜的自然条件下也能够少量分解，所以加蒸馏水的对照组中也有少量气泡产生。

3. 启发引导，提高学生的思维能力

通过对实验现象的分析，引导学生运用学过的知识去思考，从而培养学生的思维能力。例如，王老师在教案中提到，通过特定的化学试剂检测物质的变化，是检测物质常用的手段。若将斐林试剂改为碘液，能够根据淀粉与碘液反应的变化——蓝色逐渐消失，说明淀粉逐渐减少，也可以用来说明淀粉酶对淀粉的分解作用，但不能说明淀粉的分解产物是否是还原性糖，即不能鉴定分解产物是什么。这样就可启发学生通过亲身实践来探索实验中出现的各种现象。教师要利用这一因素，激发他们对实验现象进行分析、推理、综合。另外，在实验中教师要经常结合生产实际进行分析讨论，以提高学生分析问题和解决问题的能力。

4. 激发兴趣，培养学生创新能力的指导

学生在做实验时，会遇到困难，思维受阻或偏差，此时教师应给予解答，使学生产生顿悟，获取成功的喜悦，进一步激发学生的学习兴趣。例如，王老师的案例中所涉及的物质鉴定实验的原理是特定的颜色变化表示特定的物质，鉴定其他物质如 DNA 等也可以利用类似的原理等。

实验教学还有利于学生在探究中学习合作的方法。例如，在明确实验任务后，根据个人的兴趣和长处，多名学生分为化学检测组和微生物检测组，有的负责与化学老师联系，学习对水中物质分析的方法，有的负责与生物老师联系，学习培养微生物的方法，讨论、收集实验需要的器材，准备和设置实验装置，去样地采集样品，收集查阅相关资料。在实验设计和准备完成后，他们在课余时间里又分组进行实验，一起讨论记录到的实验数据，将收集到的数据进行分析，获得池塘水中微生物的具体信息，为"富营养化的池塘水中有哪些微生物"的研究提供了可靠的依据。实验探究，不仅

29

使学生真实体验了科学研究的过程，在实验结果的基础上得出结论，同时，也使学生初步掌握了多项实验技能，探究能力得到提高。这些学生在实验过程中，看到了社会生产生活中存在的问题，在寻求解决问题的实验过程中，形成了对环境保护问题的忧患意识，提高了自身的社会责任感。

实验教学促进学生参与创新活动。生物课程中的实验教学为学生有个性地学习生物学知识提供了条件。通过生物实验，学生不仅能够初步掌握实验操作的技能，应用知识的能力也得到了培养，具备了实现创新的可能。例如，一个实验小组的学生提出了"校园生物资源和网络推广"的研究课题，预期在对校园中的生物资源进行调查后，制作自己的网页，将研究成果发布到互联网上，利用网络途径推广这些有关生物资源的多媒体资料，让更多的人能够通过网络浏览这些调查结果，了解校园生物资源的信息。根据该课题的内容和技术要求，学生分为生物组和网络组两个协作小组，生物组负责调查校园生物资源，确认动植物的名称、生物学价值、经济价值和生态价值等，将实物、图片和文字资料提供给网络组，网络组则负责网页设计，将得到的校园生物资料进行科学整合并网络化。在该课题的实施进程中，学生根据调查结果，进一步提出了保护校园生物资源的多项措施，为学校环境建设提出了可行的建议，提升了课题的实际应用价值。通过生物实验活动，学生在以探究和实验为基础的学习中，经历科学实验与理论知识建构的过程，创设了创造性学习的氛围。

实验教学促进生物学课程在课外的延伸。进行生物实验和探究活动，一般并不需要特别复杂的器材设备，这有利于课外实验探究活动的开展。例如，在学习植物细胞跨膜运输的知识时，利用洋葱表皮细胞进行植物细胞质壁分离和质壁分离复原的实验后，学生提出"组成植物体的其他细胞是否也能发生质壁分离和质壁分离复原"的问题，他们选择了多种植物材料进行实验，有的学生在教师指导下选择"钾离子是否影响气孔开闭"的问题，进一步研究影响植物气孔开闭的因素。为了做好知识和实验技能的准备，教师建议学生到化学实验室寻找实验试剂如硝酸钾、硝酸钠等物质，根据实验要求配制成一定浓度的溶液并进行实验。实验观察气孔变化情况一段时间后，学生发现气孔的变化不明显，提出疑问，和教师一起讨论，探讨光照强度、光照时间和环境温度对保卫细胞生理活动的影响，尝试通过控制上述因素，进行进一步的实验。在研究可见光对植物光合作用的影响时，学生从物理实验室借来三棱镜，向物理老师学习三棱镜的使用方法。在采集植物标本时，学生到学校的小花圃里，向园艺师请求帮助，采得各种植物材料。由于课外活动主要由学生自主完成，讨论的往往是学生感兴趣的问题，学生能够更主动地根据自己的意愿开展活动。

生物实验教学能够促进学生改变学习方式，体现实验的探究性本质，使探究性学习落实在具体的实验教学过程中。因为活动更注重每个学生个体在知识形成和构建过程中的情感体验，宽容地对待学生在学习过程中出现的差异，满足了学生在生物学科领域拓展知识、发展能力的需求。设计丰富的实验活动和科技创新活动，对于更有效地促进个性化的学习、培养具有创新意识和能力的生物学方面的研究型后备人才具有积极的意义。

(二) 高中生物学实验的类型

从高中生物学教学角度来看，根据不同的分类角度，生物学实验可以分为多种类型。

1. 按照实验开展所处环境的角度

(1) 实验室环境实验。实验室实验是指在实验室里，通过实验仪器和设备，在人为控制或改变实验对象的条件下，考察与研究实验对象的一种有目的、有计划的操作或实践活动。生物科学研究和生物教学中的实验大多数属于这一类型。例如，植物光合作用产生淀粉的实验、酵母菌无氧呼吸产生二氧化碳的实验等。

(2) 自然环境实验。自然实验是指在通常的自然环境中对实验对象加以考察的一种实践活动。这类活动的优点是把观察的自然性和实验的主动性有机地结合起来，而不足之处则表现在缺少对某些因素的严格控制，因而实验结果的精确性相对较差。如观察某种微量元素对作物产量的影响或某种昆虫的性外激素对另一种昆虫的诱杀作用时，因为因素控制不够，实验结果可能不准确。

2. 按照实验的教学目的的角度

(1) 验证性实验。验证性实验是指对研究对象有了一定的了解，并形成了一定的认识或提出了某种假说后，为验证这种认识或假说是否正确而进行的实验。生物教学实验大多属于这类实验。例如，验证酶具有催化性的实验、验证酶具有特异性的实验等。

(2) 探究性实验。探究性实验是指探究实验对象的未知属性的实验。在生物教学中学生的探究性实验多数为"再发现"实验，即学生为获取生物科学知识、领悟科学研究方法而积极主动地进行的各种活动，如探究环境因素对酶促反应影响的活动、探究影响酵母菌无氧呼吸因素的活动等。探究性实验包括提出问题、作出假设、制订计划、实施计划、得出结论和表达交流等几个步骤。开展探究性实验有助于学生主动地获取生物科学知识，体验科学研究的过程与方法，形成一定的科学探究能力和科学态度与价值观，培养创新精神。

3. 按照实验中量与质的关系的角度

(1) 定性实验。定性实验是指定性判断实验对象的各种属性、定性确定生物体结构与功能等的实验。定性实验的目的是解决"有没有""是不是"的问题，如洋葱根尖细胞中有没有脂肪的实验、细胞膜是不是具有选择透过性的实验等。

(2) 定量实验。定量实验是指为了深入了解生命的本质特征，揭露各因素之间的数量关系、确定某些因素的数值等而进行的实验。定量实验在生物科学发展史上发挥了重要作用。例如，孟德尔通过豌豆 7 对相对性状的实验，采用数理统计的方法，得出"纯种高茎豌豆和纯种矮茎豌豆杂交，子一代全为高茎豌豆，子一代自交得子二代中，25％为矮茎豌豆，75％为高茎豌豆"等结论，这对遗传学的发展具有重要的价值。在生物学教学中，探究环境温度对酵母菌无氧呼吸影响的实验、影响酶促反应速率因素的实验等是定量实验。

定量实验通常包含定性实验，例如，定量实验能具体地从量上来测定研究对象所具有的某种性质或数量关系。因而，定量实验能将生命本质和规律揭示得更加具体。生物科学研究从定性到定量，是以与数学方法相结合为基础的，这是现代自然科学进步的显著特征之一。

此外，生物学实验从学科性质来分，还可以分为形态学实验、解剖学实验、生理学实验、生态学实验、分类学实验、遗传学实验和生物技术实验等。

实验教学的成效还取决于如何对实验教学进行正确的评价。这是实验教学过程中不可缺少的环节，是教师了解教学过程、调控教学行为、激励学生学习热情的重要手段。教学评价对高中生物新课程的实施起着重要的导向和质量监控作用。

高

中生物教师专业能力必修

Gao Zhong Sheng Wu Jiao Shi Zhuan Ye Neng Li Bi Xiu

专题四　高中生物学活动教学

一、观摩案例

思考分析：

　　1. 你在实施这一内容的教学时，注意到哪些问题？

　　2. 高老师实施的活动教学是如何体现生物活动教学的特点的？

　　教师：在北京自然博物馆中，有一个非常漂亮的"小屋"，吸引了无数小朋友。这个"小屋"到底有何魅力呢？（出示北京自然博物馆展出的放大40万倍的细胞模型的照片）同学们请看，这是什么呢？是我们所住的房子吗？

　　教师激发兴趣，学生观察和相互讨论。

　　教师：那就是一种物理模型。物理模型是指用纸板、木块、金属等原料做出来的想象中的三维结构，科学家经常用模型来代表非常庞大的或者是极其微小的事物，比如沃森和克里克制作的"DNA双螺旋结构模型"，并为此获得了1962年的诺贝尔生理学和医学奖。可以说"模型方法"是科学研究中非常重要又应用十分广泛的一种方法。

　　学生倾听，参与交流，形成对模型的认识。

　　教师：应该说我们对"模型"这个概念其实并不陌生，生活中我们看到过各种各样的精美模型，但你们有没有亲自尝试过做模型呢？我们今天就是通过模型对真核细胞进行有趣的模拟活动——制作真核细胞的结构模型。下面我们就来动手实践一下吧！

　　教师展示兴趣小组的同学课前预实验制作的各种细胞模型，介绍各种制作细胞模型的材料。

　　学生观察、探究、了解细胞模型的材质、颜色代表的结构等，形成对真核细胞模型的感性认识。

　　在学生观察的基础上，引导讨论和思考用哪类、哪些材料进行真核细胞模型的制作。

　　教师把学生分为四个小组，每组均完成两个内容：动植物细胞模型的制作，细胞结构的类比。教师在此过程中加以引导、辅助、评价，使学生能够形成比较完善的方案。

模拟制作步骤	具体内容
1. 确定模型的种类和规格。	
2. 确定使用的材料用具。	
3. 设计方案，讨论通过，确定实施过程及分工。	
4. 制作配件并组合。	
5. 对照方案，修补缺陷。	

学生分小组进行两个内容的分工，研讨模拟制作的方案，确定选用哪些材料模拟制作细胞的各种细胞器或相应结构，并以绘图或列表的方式表示。

教师提供细胞核与细胞器大小的参考数据，引导学生制作模型时注意各种细胞结构的大小比例：

细胞结构	大　小
核糖体	最小
溶酶体	直径 $0.2 \sim 0.8 \mu m$
线粒体	直径 $0.5 \sim 1 \mu m$，长度 $2 \sim 3 \mu m$
中心粒	直径 $0.2 \sim 0.4 \mu m$
细胞核	直径 $5 \sim 10 \mu m$

学生按小组分工，配合协作，根据研讨确定模型制作的方案，并进行模型制作和细胞类比的活动。

教师围绕各组巡视，时时参与讨论，指导制作，及时指出各组在制作过程中存在的问题，并表扬做得好的学生和组。

教师要求学生在制作模型的过程中思考以下几个问题：

（1）在你所制作的模型中，有哪些结构有双层膜？哪些有单层膜？哪些无膜？

（2）细胞各结构在细胞内的空间分布是怎样的？具有什么功能？它们之间有联系吗？

（3）用类比的方法说明细胞各部分结构的特征，想象出与之类似的日常生活中的东西是什么。

这些问题激发了学生的探究欲望，为课堂教学创设了一种紧张、活跃、和谐、生动、张弛有效的理想气氛。

学生制作完成后，教师选择部分组的作品用投影仪展示出来，并让该组成员介绍所制作的各种结构的名称，回答制作过程中要求思考的问题。

教师：各个小组做的模型都很有创意，也有一定的科学性，现在它们都在讲台上，同学们可以从科学性、准确性、艺术性、材料的廉价性、环保性等方面来进行评价！

各小组展示所制作的模型，引导学生评价。

（江苏省南京市第十三中学　高学林老师）

二、感悟高中生物学活动教学模式

活动教学法，也称活动型教学法，是一种新型的教学方法，一般是指教师根据教学要求和学生获取知识的过程为学生提供适当的教学情境，根据学生身心发展的程度和特点，让学生根据自己的能力参与阅读、讨论、游戏、学具操作或模型建构等活动，进而去学习的课堂教学方法。以活动教学法为主的课堂教学模式称之为活动教学模式。

观摩反思

传统教学一味强调让学生刻苦学习，而高老师在这节活动教学中提倡愉快学习。在遵循学生身心发展规律的基础上，倡导为学生创设良好的学习情境，激发学生学习的乐趣，引发学生积极主动学习的动机。在高老师的活动教学中，他从"在北京自然博物馆中有一个非常漂亮的小屋"导入，在引导学生思考"这是我们所住的房子吗"的问题之后，转入"那就是一种物理模型"，点出本节课的主题"建构细胞模型"。轻松的问题激发起学生的学习兴趣，思考后的导入自然而又言简意赅。

在点出物理模型等概念后，高老师说："我们对模型这个概念其实并不陌生，生活中我们看到过各种各样的精美模型，但你们有没有亲自尝试过做模型呢？我们今天就是通过做模型对真核细胞进行有趣的模拟活动——制作真核细胞的结构模型。下面我们就来动手实践一下吧！"这不仅能让学生从经验中提炼对模型的认识，更让学生在了解模型的种类与构建模型方法的基础上，主动参与建构细胞模型的活动中去。

一些教师常把活动教学理解为让学生动手、动口的形式，而教学的本质特征是根据教学要求和学生获取知识的过程为学生提供适当的教学情境，让学生根据自己的知识水平和能力状况主动参与学习。这节课的成功之处正是高老师没有把活动教学形式化，而是针对高中学生，不仅非常重视知识性目标的达成，也非常重视活动教学能力目标的达成。他没有像有些教师那样只是让学生分组选择材料，制作出外观"漂亮"而没有知识深度的手工制作模型，而是向学生提供了细胞核与各种细胞器大小的参考数据，引导学生制作模型时注意各种细胞结构的大小比例，并展示兴趣小组同学课前预先制作的几个细胞模型和介绍各种细胞模型的材料等，体现了对细胞亚显微结构及其功能等知识性目标的重视。同时，他还要求学生在制作模型的过程中边制作边思考三个问题，体现了活动教学倡导学生在教学过程中动口、动手也动脑的要求，体现了高中阶段模型建构的基本要求，重视学生的参与、合作，体现了对能力性目标和情感性目标的重视。

可以讨论的问题之一是对活动教学如何评价。高老师让学生按组汇报所制作的各种结构的名称，回答制作过程中要求思考的问题，并提出从科学性、准确性、艺术性、材料的廉价性、环保性等方面来进行评价，这反映出评价的重点仍然是结果而忽略了过程。

（一）高中生物学活动教学的模式

活动教学有基本的教学模式，一般可分为四个阶段：准备阶段（包括资料收集、方案设计和活动准备）、实施阶段（包括实际操作和观察、数据收集）、成果阶段（包括数据处理和分析、得出结论、撰写报告）、交流阶段（报告、反思）。

准备阶段：这是一个师生根据教学目标、教学内容设计活动主题的阶段。活动主题需要精心设计。收集资料对方案设计具有重要作用。例如，在上述细胞模型建构活动中，学生分小组研讨模拟制作的方案，确定选用哪些材料模拟制作细胞中的各种细胞器或相应结构，并以绘图或列表的方式表示所设计的细胞模型建构方案。根据方案再准备所需材料，例如，准备制作细胞壁的硬纸板、制作细胞核的橡皮球和制作液泡的塑料袋等。此外，还需有足够的思想准备和良好心态，以免半途而废，同时，还需获得家庭、社区、学校的有关配合等。

实施阶段：活动实施就是学生参与实践的过程，是师生、生生合作完成任务的动态进程。在这一过程中，教师要起主导作用，做好组织、管理和指导工作；学生要起主体作用，积极主动、自觉地参与活动。由于活动的形式不同，实施过程也不尽相同。可以采取多种方法进行，如探究发现法、调查研究法、参观考察法、文献查阅法等。在实施过程中要按计划完成操作和观察，客观而真实地记录各种数据等。

成果阶段：这一阶段应进行数据处理和分析，从中得出结论。调查报告、科学报告、学术论文等是表述活动教学结论的书面形式。报告一般包括活动主题、方案设计、活动过程、结论与讨论等。

交流阶段：活动成果要交流，通过展出、发表或出版，反映活动教学的成果；汇报和演出是文体活动、社区服务、游戏旅游等活动的表现形式，通过向老师、家长、同学、社会汇报或演出，达到教育的目的；为检查学生的真实水平，还可采用论文答辩的方式。

高中生物教师专业能力必修

Gao Zhong Sheng Wu Jiao Shi Zhuan Ye Neng Li Bi Xiu

活动教学模式通过成果的形式展出后需进行必要的总结、评价和交流，包括两方面：一方面客观公正地评价活动全过程，肯定成绩，增强信心；另一方面总结经验，接受教训，为下一次活动提供宝贵的经验。

教师在开展活动教学时应注意改变相应的教学观念，才会使活动教学不仅是形式上发生了改变，更重要的是教学方式上发生根本的变化。

问题探讨

开展好活动教学要改变哪些教学观念？

活动教学主张学科课程内容要面向自然、社会、生活、历史等多种资源，强调通过各种各样的活动、实践来促进学生全面而有个性的发展。

活动教学认为学科教学内容除了传授间接经验（知识）外，还要重视直接经验和即时信息的学习；不但要学习陈述性知识，而且要学习程序性知识；不但要学习单科、分科知识，更应该跨学科、跨领域地学习综合性知识。

活动教学认为在学科教学过程中，要适时、适地、适当、适度地开展各种活动，如参观访问、调查研究、资料查寻、设计制作、实验论证、社区服务、劳动生产、创作编写、旅游观光、野外考察、言语表达、表演展示、交际交往……让学生走出课堂，走向自然、社会，积极构建开放性、体验性的教学体系。

活动教学认为应发挥现有教材中的活动素材的作用，突出实践、探索、创新，强调以问题解决方式、课题研究方式、活动实践方式、实际操作方式等进行教学，培养学生的实践能力和创新精神。

活动教学强调学习方式的多样性，除了从教师讲授中学习知识外，也主张从"做"中动态地学习经验。活动教学还强调创造轻松自由活泼的学习环境，以适应学生主动学习的需要。

活动教学认为学生在教学过程中有选择权、决策权和发展权。这样，学生学习的态度就会改变，他们就会把学习作为生活，自主、自动、自觉地去学习，在学习过程中做到自律、自立。

实际上，我国目前的生物课程标准提出的倡导探究性学习的课程理念，就是要改变单一的学习方式，中学生物教师应积极参与课程改革，不断探索和尝试运用新的教学方式，体验新的课程理念。当然，实施活动教学时还应注意评价方式的改变，例如，活动教学评价应更重视过程性的评价等。

（二）高中生物学活动教学应注意的问题

在活动教学中，必须追究活动本身所具有的意义，即学生主动参与的是怎样的一种活动，活动必须对学生具有教育的意义和学习的意义，也就是必须对学生的发展具有促进作用。我们追求的正是这样的教学活动，因此活动教学有许多应该注意的问题。

1. 高中生物学活动教学中教师、学生角色转换的问题

传统的生物教学主要是教师讲，学生听，学生被动地接受知识，因此，教师被认为是权威，处于"唯我独尊"的地位。活动教学模式的着眼点是改变学生的学习方式，目的是帮助学生改变被动的学习方式，使学生运用主动探求的学习方式，充分发挥主体作用。教师不再仅仅传授知识，而是与学生一起分享、理解、体验生命的价值和自我实现的过程，这使得教师的角色从传统的知识传授者变为学生学习和发展的组织者、促进者和指导者。因此，教师必须一改传统教育中"唯我独尊"的权威形象，要放下架子，以平等的身份与学生真正建立一种彼此敞开心扉、彼此接纳、相互尊重、相互理解、有着人格碰撞与精神交流的新型师生关系——师生平等的民主关系。只有这样，才能为学生营造民主和谐的学习氛围，学生的主体意识和创新精神才能够真正获得发展。同时，教师要不断深入研究教学活动的本质，并掌握一些教学策略和技巧，提高自身素质，以适应教学发展的需要。

同时，教师角色的转变并不代表教师作用的削弱，一些教师认为"既然学生是主体，就让他们自由活动"的想法是不正确的。课堂虽然看似任由学生"自由"活动，但整个过程从本质上说都是在教师精心设计和整体引导下完成的。例如，一位教师在组织讨论"人口增长对生态环境的影响"时，任由学生发表"人口多了土地就会减少""人口多了住房就会紧张""应该保证基本耕地的数量""资源消耗增加会污染环境""发展经济必然会引起大气中二氧化碳含量增加"等言论，最后总结说要计划生育控制人口增长等。另一位教师在组织讨论"人口增长对生态环境的影响"时，出示了一些具体的事例，如"我国人均耕地已由1949年的0.18hm^{2}下降到1990年的0.085hm^2"，"我国人均水资源占有量仅为全球人均的1/4"，"我国烟尘排放量的70%都来自煤炭利用"等数据，引导学生根据数据开展讨论，最后得到相应结论。前一个教学貌似以"学生为主体"，实则缺乏教师的精心设计和引导，没有真正体现教师、学生角色的转变，有人形容这样的活动教学"犹如萝卜烧萝卜"，最后还只是"萝卜"，学生没有在知识、能力、情感方面得到提高；后一个教学则是在教师精心设计和组织下，让学生在获得数据、分析数据的基础上进行科学探讨，有人形容这样的活动教学"犹如萝卜烧肉"，由于教师、学生角色的真正转变，学生在知识、能力、情感方面都得到了提高。

2. 高中生物学活动教学的时间分配问题

活动教学面临的最大问题是教学时间有限的问题。针对客观存在的由升学带来的时间压力，怎样分配时间，利用最少的时间做最多的事而且做得尽可能好，最有效的方法是合理分配时间。一些教师在实践中创造了一些行之有效的方法。例如，对于一

些与现实结合较强的活动内容可以放在课前或课中进行，如演讲、辩论类；对于需要大量资料或调查访问的活动内容可以放在课后，而且分小组分工进行，从而节省大量的时间等。

当然，不能额外增加学生的负担（无论是课内或课外）是活动教学特别要注意的问题。例如，在时间允许的情况下，教师通过让学生自己课前或课上收集相关信息，可以提高学生收集信息和处理信息的能力。但在时间不允许的情况下，上述"人口增长对生态环境的影响"讨论活动案例中的后一位教师就是通过自己收集和提供相关资料，既满足了活动教学的需要，又减轻了学生课前查找资料的负担。

专题五　高中生物学复习教学

一、观摩案例

思考分析:

1. 你平时是如何实施这一内容的复习的?

2. 郄老师的教学设计是如何处理有关高中生物复习教学的?

……

师:"酶"的知识涉及面很广,几乎贯穿于高中生物教材的每一个章节。例如,若人体的"苯丙氨酸氧化酶"不能正常合成,人体就有可能患苯丙酮尿症。而人体的"苯丙氨酸氧化酶"为什么不能正常合成呢?要弄清这一问题,必然涉及遗传、变异、基因表达、细胞亚显微结构、生物的新陈代谢、治疗等。在必修和选修模块的学习过程中,同学们经过努力,一定储备了不少关于"酶"的相关知识。本节"酶"的复习课,希望同学们充分发挥自身已具备的知识智能,充分利用教材和考试说明等载体,进一步明确酶的知识目标和能力目标,夯实有关酶的知识基础,提高创造性思维能力。请大家以4人为单位形成学习小组,自主回顾酶的知识。

代表发言,师生补充并归纳酶的学习目标与知识链:

1. 酶的概念。酶的来源(一切活细胞);酶的化学本质(主要是蛋白质);酶的合成过程(转录、翻译);酶的加工(在内质网、核糖体、线粒体等细胞器的共同参与下,最终形成具有一定空间结构、具有催化活性功能的蛋白质分子)。

2. 酶的特性。探究酶的特性(催化性、特异性);探究影响酶活性的因素(温度、pH值、酶的浓度和底物浓度等)。

3. 酶的应用。酶在代谢中的作用(催化生化反应,如酶在光合作用、呼吸作用、食物的化学性消化、细胞新物质中的合成);酶和遗传病的关系(例如缺少黑尿酸氧化酶患黑尿症);酶在生物工程中的应用(DNA分子限制性核酸内切酶、DNA连接酶);酶在洗涤等方面的应用(洗涤剂中常用的酶制剂、探究洗衣粉中酶制剂在洗涤中的作用);酶的制备(验证酶的存在和简单制备方法,探究酶在食品制造等方面的应用);应用固相化酶(酵母菌细胞的固定化技术)等。

师:在酶的知识的学习过程中,同学们对于知识的理解也一定有许多好的学习经验、体会或还存在某些问题需要帮助解决,请大家认真思考,介绍成功经验让大家分享，提出问题让大家探讨解决，共同提高知识掌握水平。

此刻学生已完全投入酶知识的复习之中，由于学习态度积极主动，毫无保留地大胆发言，他们提出了不少有价值的问题并在本节复习课中得到解决。

……

生：酶的催化功能为什么具有高效性和特异性？

师：这个问题我们班一定有同学有解决的好办法（激励学生互帮互学），请介绍学习方法！

生：从阅读必修 1 "知识海洋：酶的催化高效性的实质"中的文字和示意图可知，"酶催化高效性的实质就在于酶能降低化学反应的活化能，使反应在较低能量水平上进行，从而加速化学反应"；从阅读必修 1 酶促反应过程示意图中可发现，酶只有在其活性中心与底物分子在空间结构上相匹配时，才能发挥催化作用，这幅图可帮助我们理解酶的特异性。

教师首先对发言同学的有效回答给予充分肯定，同时进一步要求学生平时要注重利用教材中的"图表""知识背景"等资料来提高自主学习的能力。

……

生：在酶专题复习课前的"学生知识掌握情况调查检测"中，在"探究酶具有催化特性"的实践活动中，向过氧化氢中加入酵母菌液的实验组，与加入蒸馏水的对照组相比，能观察并记录到什么实验现象？

由于在该项实践活动中，我们明明"看到了"加入酵母菌液的实验组，由于过氧化氢酶的催化作用，与对照组相比产生较多"氧气"，而且现象十分明显。对于上述问题我们许多同学尽管回答"观察到了较多氧气"，却被判错，这是为什么呢？

面对学生提出的问题和先前的错误答案，教师并没有责怪学生，而是充分发挥自身的教学才智，及时调整了复习课的教学程序，有针对性地新增一项简单的学生演示实验，其方法是"让一位同学走上讲台，仍然用上述探究酶具有催化特性的实验材料进行同样的实验，产生同样的实验现象，但其实验材料只有演示者知道，其他同学在不知实验材料的情况下观察实验现象"，当演示者问全班同学"实验产生了什么现象"时，当时得到了异口同声的回答"有许多气泡产生"，并没有同学把气泡说成氧气。在此基础上，教师才要求演示者向学生宣布"相同实验的名称和实验药品"，对此，学生非常自觉地进入反思上述试题答案错误的原因的状态中。

学生经过反思与分析，最终一致认识到，氧气或无色的气体是看不见的，本实验看到的实际现象应该是产生气泡数量的多少。过氧化氢分解有氧气或气体产生，这属于本实验原理范畴，但该试题问的关键点是"记录所能观察到的实验现象"，并没有问实验原理。将观察到的现象"产生较多气泡"，错答成"看到较多氧气"，其错误的根本原因是"将实验现象与实验原理两种知识混淆"。

为了及时消除"实验原理知识思维定式对实验现象（新情况）观察造成的负面干扰"，此刻，教师又作如下补充要求："观察实验现象一定要做到：严谨、求实，只有及时真实地记录实验现象，才能获得第一手实验资料；只有处理好实验现象与原理之间的区分度，才能提高对实验现象与原理等不同知识的鉴别能力，从而提高问题解答的准确性。"

......

生：为了提高知识的综合应用能力，我们能否将探究"酶具有催化性、特异性、影响酶促反应速率的因素"的几个实践活动综合为一个探究性实验？

紧接着又有一位学生对课文中探究"酶具有催化性的实验材料"提出质疑：为什么有的资料不是用酵母菌液，而是用鸡肝研磨液或猪肝研磨液？能否增加"酵母菌与猪肝的催化活性对比"实验？他同时还从一个小塑料袋里拿出一块新鲜的猪肝。

当时，这些问题也引起了全班同学的关注，并且学生的目光都投向教师，希望得到回应。

对于这种突然而至的问题，应该说是偏离了教师预设的教学计划，同时也增加了实验课的教学内容。但此刻教师想得更多的是学生能够提出这样的问题，说明学生平时关注教材多元化给学习带来的优势，也说明学生在一定程度上养成了探究意识和创新精神，作为学生实践活动引导者的教师应该怎样保护学生的这种探究实验的热情，怎样利用这一生成性的教学资源使本节实验的有效教学锦上添花等。因此，当时教师完全是从学生知识与心理发展的需要出发，巧妙地将课堂上意外生成的资源纳入教学新内容，让课堂教学富于开放性，有效地促进教学相长，并立即将教学预设作了如下调整：首先让学生思考：怎样增大猪肝细胞与过氧化氢的接触面积？在学生通过讨论一致认为需要"研磨使猪肝细胞分散"的基础上，组织学生分组探讨与设计探究酶的"催化性""哪种材料催化过氧化氢效果更显著""影响酶促反应速率的因素"于一体的综合实验方案。

......

（江苏省南京市第二十九中学　郗银东老师）

二、感悟高中生物学复习教学

我国古代教学实践就十分重视知识的复习。孔子说："学而时习之，不亦说（悦）乎？"意思是学习而经常温习、练习，把所学知识转化为技能，获得成果，内心不就会感到快乐与满足吗？他还进一步说："温故而知新，可以为师矣。"意思是温习旧知识并能从中获得新的体会、新的见解、新的领悟，这样的人可以做教师了。高中生物学复习教学是生物学教学的重要组成部分。

（一）高中生物学复习教学的意义

1. 高中生物学复习教学有利于加强记忆和防止遗忘

生物学学习的过程也是学生不断记忆和不断遗忘的过程。学生的记忆是大脑把经验过的或感知了的事物分成大量信息单位贮存在大脑中的结果，其生理基础是在大脑皮层及相关部位建立神经联系。学生的遗忘则是这种神经联系建立得不稳固或建立后又"消失"了的反映，具体表现为经验过了的事物不能完整地再现，或再现有错误甚至完全不能再现。

对生物学知识进行复习巩固就是对学生掌握知识时所形成的暂时神经联系进行强化，以使所获得的知识能够巩固在记忆中。据说，清代思想家顾炎武能背诵十几万字的《十三经》，别人以为他能过目不忘，其实，他每年都要用三个月的时间来复习《十三经》。学习生物学也是这样，例如，在学习"细菌"一节时，学生能掌握"细菌的三种类型及代表菌种""细菌的营养方式""细菌的呼吸方式""细菌的生殖""细菌和人类的关系"等内容。一天后，学生可能把"大多数细菌的营养方式是异养"记忆为"细菌的营养方式是异养"，并完全遗忘掉"细菌三种类型的代表菌种"等。若能经常针对学生容易遗忘的知识进行复习巩固，则能加强记忆，防止遗忘，至于哪些知识容易遗忘，这需要教师在实践中注意总结。

2. 高中生物学复习教学有利于改善知识质量

在学生学习新知识的过程中，尽管教师的讲授很注重科学性、系统性，也能突出重点、讲透难点，但学生接受的知识难免存在一定的问题。高中生物学复习教学可以改善知识记忆质量，主要表现在：

(1) 高中生物学复习教学可以发现和纠正错误。

高中学生在学习过程中可能会对生物学知识产生错误的理解，这可能与多方面因素有关。例如，有的教师教学时没有注意突出"细胞核不是一种细胞器"，而只强调了"细胞器是细胞质中有一定形态和功能的结构"。学生可能会产生误解，认为细胞核也是在细胞质中的，也是一种有一定形态和功能的结构，因此细胞核也是一种细胞器。不同的学生的错误理解则和学生本身的理解能力、上课是否专心等原因有关。例如，有些学生会混淆"脂质、类脂、脂肪"几个概念的差别等。通过复习就能发现这些问题并加以纠正。

(2) 高中生物学复习教学可以整理和建构知识。

高中生物学的具体知识表面上看起来是由无数个无关的知识点所组成，其实，每一知识点在生物学科中都有一定位置，它们和其他知识点都有一定的联系。教师在讲授新知识时，常常比较重视每一知识点的分析和理解，高中生物学复习教学则可能更注意知识的系统性。例如，在高中生物学教学中，教师在各章节中分别介绍了有关蛋白质的"元素组成""分子结构和功能""酶""蛋白质代谢""蛋白质的合成"等知识，高中生物学复习教学时则需系统整理有关蛋白质的全部知识。再如，在高中生物学教学中的不同章节中讲解了有关"细胞膜""生物膜""生物膜的选择透过性"和"物质的跨膜运输"等知识，很多学生对物质的跨膜运输理解有困难，因为其中的概念很多，如"细胞膜""生物膜""生物膜的选择透过性""简单扩散""易化扩散""主动运输""渗透"和"物质的跨膜运输"等。教师通过复习教学环节将上述知识整理得更加系统，就能帮助学生迅速理解和灵活运用这些知识。

（3）高中生物学复习教学可以突出和巩固重点。

高中学生在学习新知识时，常常是不分重点和非重点地全盘接受。复习教学则可以强调其中最本质、最重要的内容，从而大大改善知识质量。例如，教师在新授课中引导学生学习"兴奋在神经元之间传导"的内容时，一般从神经元结构、两个神经元如何连接、突触结构等内容，按照兴奋传导的先后过程顺序讲解。在复习教学过程中，教师一般会抓住"突触"这一重点内容。

3. 高中生物学复习教学有利于继续学习新内容

朱熹在《四书集注》中说："故者，旧所闻；新者，今所得。言学能时习旧闻，而每有新得。"他还说："时时温习，觉滋味深长，自有新得。""须是温故方能知新，若不温故便要求知新，则新不可得而知，亦不可得而求矣。"意思是，"故"是"新"的基础，"新"是"故"的发展，而"时习"能使所学融会贯通，转化为技能并应用。

生物学教学过程也是这样，学生所具有的生物学知识及其他相关知识是进一步学习的必要基础，例如，细胞学的知识（细胞的结构和功能知识）是学习细胞有丝分裂知识的必要基础，细胞有丝分裂知识又是细胞减数分裂知识的基础，细胞减数分裂知识则是遗传三大规律的基础等。在学习新知识前对必要的基础知识进行复习教学，必然有利于高中学生继续学习新知识。

问题探讨

高中生物学复习教学有哪些类型？

一般来说，按复习的任务不同大致可分为五类：

新课复习　主要是复习当天或前一两天所学的新课。这是一类最基本、最重要的复习方式，通常是结合新课进行的，一般不单独占用整节课时。例如，新课前的复习检查，或引入新课时对所需旧知识的复习，新课结束时的复习巩固等，都属于新课复习。新课复习的目的是使学生所获得的新知识在其头脑中的印象及时得到加深，从而使所学知识得到积累。

阶段复习　主要是系统复习若干节课所学的一个或多个相对独立、相对完整的章、节的教材内容。阶段复习不是重讲教材的内容，而是根据大纲的要求，结合教材内容的重点，把学生学过的知识加以整理，使之更加系统化，以加深学生的理解并便于记忆。同时，根据学生的实际，帮助解决学生在学习中带普遍性的共同问题或个别学生的个别疑难问题。

学年或学期复习　主要是对一学期或一学年所学的全部内容进行总结性的系统复习。这种复习和阶段复习没有性质上的差别，只不过是复习的范围和数量进一步扩大，要求也更高。由于这类复习所涉及的知识内容更广更深，因而具有较高的综合性、概括性、全面性和系统性。

学业水平考试复习 学业水平考试是鉴定普通高中学生生物科目学习质量的水平考试。不同于具有选拔性质的高校招生考试，也不同于为学分认定而设置的模块考试。学业水平考试是考核普通高中学生生物科目学习是否达到课程标准要求的主要手段。学业水平考试结果是高等学校招生选拔的主要参考依据之一。实行普通高中学业水平考试制度，有利于保证普通高中按照国家课程方案和课程标准组织教育教学，有利于监测普通高中教育教学质量，促进学校不断提高课程实施的质量和水平。学业水平考试复习是帮助学生顺利通过学业水平考试的综合性复习。

高考复习 中国的普通高等学校招生全国统一考试简称高考，是我国重要的全国性考试之一。普通高等学校招生全国统一考试的定义是：合格的高中毕业生和具有同等学力的考生参加的选拔性考试。高等学校根据考生成绩，按已确定的招生计划，德、智、体全面衡量，择优录取。因此，高考应具有较高的信度、效度，必要的区分度和适当的难度。高考虽然名义上为全国统一考试，但部分试题并不是全国统一的。考试的形式是闭卷考试，考试内容由教育部统一划定（高考考试大纲），考试采用笔试方式。高考复习是帮助学生顺利通过选拔性考试的综合性复习。

如果按照其他依据来划分，复习教学还可以有不同的分类。例如，按复习教学要达到的目的来分，又可分为三类：以强化和巩固记忆为主要目的的复习（如复习巩固有关植物有氧呼吸和无氧呼吸反应方程式等）、以形成技能和技巧为主要目的的复习（如徒手切片、使用显微镜等）、以使知识系统化为主要目的的复习（如上述郄老师对酶的知识的系统复习教学等）。

（二）高中生物学复习教学的要求

复习教学并非是考试前临时抱佛脚的工作，也不仅仅是反复记诵学过的生物学概念，而是通过系统的、重点突出的复习，巩固有关的生物学知识，将知识融会贯通。因此，生物学教学过程中的复习环节也有一定的要求。生物学复习教学的方式方法应该因校、班、人的具体情况而异，力求结合实际，有的放矢，但是某些基本规律和要求还是值得遵循和选用的。

1. 高中生物学复习教学的及时性

朱熹说过："人而不学，则无以知其所当知之理，无以能其所当为之事。学而不习，则虽知其理，能其事，然亦生涩危殆，而不能以自安。习而不时，虽曰习之而其工夫间断，一曝十寒，终不足以成其实之功矣。"意思是说，若不学习，就不能获得必需的知识技能；若不复习、练习，就不能巩固其所获得的知识和技能；若不及时复习、练习，就不能收到复习的功效。

在生物学教学过程中，应在没有忘掉知识之前及时进行复习巩固，也就是把传授知识和复习知识交替进行，把复习巩固工作穿插在整个教学过程中，通常的做法是在讲授新课前先复习上节课或前几节课讲授的主要内容，讲授新课及时联系以前所学的相关知识，讲授新课结束后复习巩固该节课讲授的重点内容，布置一定量的课堂和课外作业等。

2. 高中生物学复习教学的反复性

大多数知识在人的大脑皮层中形成暂时的神经联系不可能经过1～2次的强化就会完全巩固，一般需要反复进行复习，才能正确理解有关知识，持久地保持记忆，敏捷地再现知识，并能灵活应用知识。

反复复习并不是简单的重复。教师应当深入钻研教材，了解学生的实际情况，根据学生的学习和记忆规律，对知识结构中的重点和难点部分进行多次复习，达到巩固的要求。例如，在讲授"细胞的结构与功能"的新知识后，应当堂抓住"细胞的结构和功能"中"细胞结构与功能相适应"的主要内容进行复习；布置一定量的课后作业让学生进一步复习巩固上述内容；在紧接着的一节生物学课前再次复习这一内容；在以后各项观察"植物细胞"和"动物细胞"的实验课时还应让学生通过观察深入理解有关细胞的形态结构如何与其功能相适应的。经过这样多次反复，这部分知识和技能就能得到较好的巩固。

3. 高中生物学复习教学的重点突出性

复习不是把讲过的知识完全重复一遍。有些教师因害怕学生碰到考试时的偏题、冷题，因而不分主次、不分巨细地将大纲所规定的内容像讲授新课一样复述一遍，以为这样可以万无一失，其实是加重了学生的负担。要做到复习突出重点，应该注意：明确复习的目的和要求；概括知识的轮廓和全貌；分析知识的联系和特点；提出运用知识的方法和途径；因材施教，解答各类学生的疑难问题等。

4. 高中生物学复习教学的形式多样性

像传授新知识一样，复习的方法也必须是多样的。从复习效果而言，由于复习的内容是旧的，若经常采用较为单一的方法，学生的兴趣难以提高，注意力难以集中，大脑皮层受到抑制。从复习内容而言，不同性质的生物学内容也应当采用不同的方法。例如，复习生物的形态结构知识，应采用挂图、模型、实物等直观教具复习的方法；复习生理学方面的知识，应在复习形态结构知识的基础上，采用观看生理活动的图解或进行实验的方法等。

复习的多样化主要是针对复习的体系而言的。例如，在学习细胞亚显微结构和功能时，采用的直观教具可以是彩色挂图，在复习阶段则可采用细胞的立体模型；在采用程序教学法学习细胞减数分裂内容时，学生所做的程序作业是填充题和问答题，在复习时则可改换成是非题和选择题；在采用发现法学习影响酶促反应的环境因素后，可以谈话或竞赛抢答的方法进行复习等。

(三) 高中生物学复习教学的内容和计划

高中生物学复习教学在巩固学生知识方面的重要意义是毋庸置疑的，而要想达到复习教学的目标，需要制订切合实际的、细致的计划。计划包括复习内容的确定、复习计划的草拟、复习提纲的编写和选择适宜的复习方法等。

1. 确定复习内容

确定复习内容首先要根据课程标准的要求，一般应选择课程标准和教材中指导作用大、适应范围广、内在联系强、使用价值高的基础知识和基本技能为重点。有经验的教师都知道，复习应着重在打好基础上下工夫，把注意力放在巩固基础知识和提高分析问题、解决问题的能力上。同时，确定复习内容还应根据学生实际，这需要教师在平时的教学中注意记录学生的学习情况。为此，有些教师对学生在各个教学环节中反映出来的问题进行登记和分析，建立学生学习的"病历卡"。只有当教师了解了学生对生物学知识和技能的掌握程度及普遍存在的问题，并以此作为确定复习内容的依据之一，才能做到复习的有的放矢。

2. 拟定复习计划

为上好每一节复习课，在制订总的复习教学计划的基础上，还应制订复习课时计划。

复习课时计划一般要根据教学内容的特点、学生的知识实际、复习时间的长短等很多因素灵活地选择教学方法和组织教学过程。复习课时计划应突出有利于启发学生思维、调动学生主动参与的指导思想。

复习课时计划一般应包括：复习的课题和主要内容；复习的目的和具体要求；复习的重点和主要方法；直观教具；复习课的教学过程等。

3. 编拟复习提纲

对于较大规模的考试复习（例如，高中生物学会考）还应编拟复习提纲，即将复习的内容编写成一个便于复习的系统（指导学生复习的文字说明）。

编写复习提纲，可以列出复习内容提要，或将内容提要以简明的表解和图解表示，并提出典型题示范解析、复习题、思考题等，形式可以多样化。

复习提纲的内容编排，一般是从基本概念和基本理论开始，并按知识的内部有机联系把整个内容划分为几个部分，以加强系统性并便于发挥理论在复习中的指导作用。在每一部分中，都应把关键性、规律性的内容作为重点，进行系统的编排，以便在复习中使学生系统地掌握有关知识和技能。

对于学年（期）复习有两点应该注意：

第一，编写的复习提纲应该是一个指导复习的"纲"，应该具有思考性和简明性。如果教师只是将教科书照抄一遍，只能增加学生阅读的负担，不能起到复习的作用。

第二，不能寄过多的希望于学年（期）复习。要想使学生获得巩固的知识，主要靠在平时的课堂教学中启发学生真正理解和逐渐积累知识。若忽视平时的课堂教学，平时赶教学进度，挤时间搞突击复习，那就是本末倒置，违背了教学规律。

（四）高中生物学复习教学的方法

复习教学的方法多种多样，但因生物学复习教学的目标、内容等的不同，教师应采用独特的复习教学方式。

观摩反思

从郄老师"酶"的复习课案例不难看出，教师改变了传统"炒冷饭"式的面面俱到的复习方式，努力让课堂教学体现生物课程标准指出的"面向全体学生、提高生物科学素养和倡导探究性学习"的核心理念。郄老师的复习教学的亮点之一是复习重点完全源于学生需要解决的问题。

她还在复习课的教学实践中根据"酶"复习教学内容的特点，结合学生的知识掌握情况及其先前学习过程中的得失经验，有针对性地灵活应用了多种教学方式。如：

专题复习方式　通过引导学生利用教科书知识载体归纳和梳理酶知识的学习目标与知识链，使学生在明确酶知识学习目标的同时，充分回归教材，回忆旧知识，构建新知识，将零散的酶知识形成结构化的知识链条，系统掌握与酶相关知识的内在联系与知识应用的关系，这不仅有效解决了酶复习课的知识容量大于新授课教学的问题，同时也激活了学生参与复习的兴趣，使复习效率得到有效的提高。

动态生成复习方式　把复习课课堂设在实验室，面对学生提出的问题，及时调整复习课的教学程序，有针对性地让学生在复习中对"生成性"的问题当场设置演示实验，及时消除"实验原理知识思维定式对实验现象观察造成的负面干扰"，同时还强化了学生在实验中严谨、求实的科学态度。

师生互助复习方式　例如，当学生提出"酶的催化功能为什么具有高效性和特异性"问题时，教师并没有直接告诉学生答案，而是充分发挥高三学生已有的自学能力、实践能力和解决问题能力等，用"我们班一定有同学有解决这一问题的好办法"这句饱含激励的话语，把问题交给学生解决，通过师生和生生互助与经验交流方式，既解答了问题，又促进了互帮互学氛围的形成。

多种教学方式使学生积极主动、思维活跃地进入核心概念回忆之中，拉进了师生之间的距离，使复习教学在师生友好的情境中高效进行。

一般来说，高中生物学教学的方法也都可用于复习教学。例如，教师系统和概括讲解方式、课堂练习和评讲方式以及生物学复习展览方式等。

1. 教师系统和概括讲解方式

教师按照一定的体系把教学内容重新组织，进行系统、概括的讲解，具有一定的综合性。在生物学复习过程中，常将相关知识汇集成表解和图解的形式，帮助学生理解和记忆。

有关遗传和变异的知识可以归纳如下：

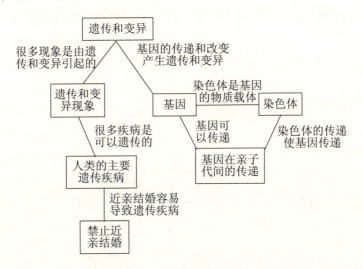

对于很多知识还可归纳成图解的方式进行复习，例如，对于尿液形成和排出的知识可以画出肾单位及集合管等结构图，配合图注进行复习。对于细胞的结构和功能、心脏的结构和血液循环的知识等也都可用图解的方式复习。

利用系统和概括的讲解法进行复习时，教师应根据内容提出一些有启发性的问题进行讨论，和学生一起总结归纳出上述表解和图解。只有当学生自觉积极地参与，通过他们自己的思维总结归纳，才能达到复习的目的。

2. 课堂练习和讲评方式

课堂练习是使学生巩固和运用生物学知识、培养技能、训练思维的好方法，也是教师了解学生掌握知识和技能的程度、思维方法的好机会。生物学课堂练习选题要精，切忌搞"题海战术"。有经验的教师通过典型例题的解析示范，启发学生学会审题和掌握解题思路，并进行练习后的讲评。

3. 生物学复习展览方式

根据生物学科的特点，在复习期间布置一个展览室也是一种行之有效的复习方法，展览的内容可以恰当地分成几个专题。例如，生物实验的基本操作专题（主要陈列常用的仪器、器具、药品和重要的实验装置等），生物的形态结构专题（陈列生物体主要生理活动的过程示意挂图等）。每个部分不仅有实物（仪器、标本、模型、挂图等），又有简要的文字说明和解释，还有复习思考题。思考题可以以题签的形式放在每个专题的结束处，在学生看完一个专题后就可抽取题签，看看能否回答得出来。这种让学生能够看看、想想、做做、练练的复习方法，生动、活泼，深受学生的欢迎。

此外，课堂答疑、出墙报等也是生物学复习教学的有效方式。

专题六　研究性学习与高中生物学教学

一、观摩案例

思考分析：

　　1. 你平时如何指导学生的研究性学习？

　　2. 王老师的教学设计是如何将研究性学习与课堂教学相联系的？

……

　　课堂教学的时间是有限的，教师除了立足于课堂、深入挖掘教材外，还可以将研究性学习向课外延伸。我们主要从两个方面向研究性课程延伸，进行生物学专题研究：

　　1. 认真实施教材指定的研究性课题，使研究性学习得到普及、落到实处。学生的学习活动主要有三种形式，一是接受学习，二是发现学习，三是体验学习。体验学习是指人们在实践活动过程中，在情感、行为的支配下，通过反复观察、尝试，最终构建新的知识的过程，它所追求的是在潜移默化中实现认识的积累和更新。高中生物学教材设计并安排了一些研究性课题，这些都是体验学习的研究内容和有效手段，教师作为研究性学习的组织者、参与者、指导者，要对整个过程作精心安排和认真指导，引导学生亲身体验社会中的生物学以及生物学发展对社会的影响。

　　如调查媒体对生物科学技术发展的报道课题。该课题是学生在高二学习生物学接触到的第一个研究性课题，我们在开学初就把该课题的详细要求分发给学生，包括调查方法、统计方法、分析方法、作业评价等。每个学生确定一种媒体为调查对象，规定如调查报纸则以半年的报纸为一个单位，杂志则以一年为一个单位，网络不限时间，要求每个人一个月后通过 E-mail 呈交 800 字以上的调查作业。在这一个月中，学生把压力转化为学习的动力，学校图书馆、网络中心到处是他们忙碌的身影，许多学生还利用双休日到市图书馆、书店查阅资料，教师则利用网络和学生进行在线交流和指导，培养学生利用网络获取信息的能力，对能力较差的学生则进行面对面交流。一个月后，教师的电子信箱被塞满了。教师给予每个学生很高的评价，并从中挑选部分优秀作业要求学生进一步修改拷到软盘上。二周后在全校性的学生论坛上，面对上千名听众，被挑选出来的学生用多媒体展示了他们的学习成果，翔实的数据，精彩的画面，流畅的表达，赢得了阵阵掌声。生物科学技术突飞猛进的发展给学生留下深刻印象，它对人类社会的贡献使学生进一步确信"科学技术是第一生产力"。

环境调查。高中生物学教材将环境调查安排于第二学期，由于临近会考，学生无法集中精力将此课题做好，我们将此课题移到第一学期进行。为了培养学生的合作精神，我们要求该课题以小组为单位进行，教师和学生一起平等商讨课题的价值、科学性和可行性，从学生身边实际出发，商讨调查对象、调查方法，制订详细的研究方案。

近几年，我校师生在环境调查中，足迹遍布无锡城乡各处，调查对象涉及无锡的空气、水质、噪声、生活垃圾、古树名木、野生动物、工业废弃物等，调查手段也不断更新，我们借用了噪声仪、水质分析仪、酸雨测定器等，使研究性学习的科技含量不断提高。调查报告共有30多篇获全国、省、市青少年生物与环境科技活动奖，我校学生代表江苏省参加了全国青少年生物与环境科技活动成果展。环境调查已成为我校环境教育的重要组成内容，在绿色学校验收时成为一个亮点。

2. 积极开展课外研究性学习，使研究性学习向纵深发展。课外研究性学习更能突出学生的主体性，是他们真正的兴趣所在，教师应积极引导，使课外研究性学习成为培养学生创新精神和实践能力的又一重要途径。

如1999年，许多学生对生命起源学说产生了浓厚的兴趣，我就组织学生进行课外专题研究，指导学生翻阅了大量专业书籍，从网络上下载了相关资料，对生命起源的几种代表学说（特创论、活力论、自生论、生生论、天外胚种论等）从以下几个方面进行了专题研究：学说主要观点，代表人物，实例，缺陷等。学生的学习潜能被大大激发，有个学生长期订阅《飞碟探索》，是个UFO谜，他对天外胚种论尤其感兴趣，洋洋洒洒地写了2000多字的文章，文中既有严密的逻辑推理，又有大胆的推测和想象，有许多知识是一般人闻所未闻的。为鼓励学生，展示他们的学习成果，我指导学生自由组队，进行了一次辩论会。学生唇枪舌剑，针锋相对，捍护自己的观点，辩驳他方的学说，虽然谁也没有说服谁，但他们知道了如何立论，如何提出假说，如何收集材料证明假说，体验了一次理论研究的历程。

例如，有一位学生观察能力特强，他仔细观察后发现，秋天在路灯下的树叶比其他地方的树叶黄得晚，落得也晚，这个问题其实是生物与环境关系的问题，其原因对教师来说很简单，但我没有简单地把答案告诉他，而是要求他自己寻求答案。出乎我的意料的是，他不仅寻得了答案，而且还写出了论文《论光对生物的影响》，把光对生物各方面的影响进行了系统的归纳和整理，并且涉及了光敏素、长短日植物开花机理等大学内容。今年他走出高考试场后，高兴地对我说，高考考到了麻类植物南种北移以提高产量的问题，他庆幸自己通过研究性学习在平时已解决了这道难题。

需要说明的是，研究性学习必须同接受性学习相结合，该讲授的还要讲授，适合学生研究的问题就让学生通过不同方式来解决，只有这样，才能充分发挥研究性学习的优势。

（江苏省无锡市第一女子中学　王荐老师）

二、感悟高中生物学研究性学习

20世纪80年代，世界各国为了使教育更加适应社会的发展以及培养全方位能力的人才，纷纷进行教育改革。各国对基础教育的改革尤其重视，均着眼于如何将学生培养成具有学习、分析问题并解决问题等各方面能力的人才。因此，一种新的学习方式——研究性学习应运而生。研究性学习的目的在于让学生在研究过程中获得一种积极的学习体验，受到新的方法的熏陶，从而改变长期以来习惯的偏重知识接受的学习方式，实现学习方式的有效转变。我国也在2001年颁布的《基础教育课程改革纲要（试行）》中要求从小学至高中设置综合实践活动必修课程，并将研究性学习作为综合实践活动的组成成分。

研究性学习是对应于接受性学习而提出来的，也叫主题研究，或称专题学习、综合学习等。研究性学习的理解有广义和狭义两种。从广义上理解，研究性学习是一种新的学习方式，是推进素质教育、培养人才的重要途径，泛指学生探究问题的学习，适用于各门学科的学习。狭义的研究性学习是指在教师的指导下，学生从自然、社会和生活中选择和确定专题进行研究，主动获取知识，并应用知识解决问题的学习活动。

观摩反思

研究性学习所研究的课题是来源于自然、社会、现实的生产和生活中，在上述案例中，王老师的两点做法值得借鉴。

第一，他认真实施教材指定的研究性课题，使研究性学习得到普及、落到实处。

他认为学生的学习活动主要有三种形式，一是接受学习，二是发现学习，三是体验学习。体验学习是指人们在实践活动过程中，在情感、行为的支配下，通过反复观察、尝试，最终构建新的知识的过程，它所追求的是在潜移默化中实现知识的积累和更新。高中生物学教材设计并安排了一些研究性课题，这些都是体验学习的研究内容和有效手段，教师作为研究性学习的组织者、参与者、指导者，要对整个过程作精心安排和认真指导，引导学生亲身体验社会中的生物学以及生物学发展对社会的影响。

第二，他积极开展课外研究性学习，使研究性学习向纵深发展。

他认为课外研究性学习更能突出学生的主体性，是他们真正的兴趣所在，教师应积极引导，使课外研究性学习成为培养学生创新精神和实践能力的又一重要途径。

王老师还认为研究性学习必须同接受性学习相结合，该讲授的还要讲授，适合学生研究的问题就让学生通过不同方式来解决，只有这样才能充分发挥研究性学习的优势。

　　研究性学习虽然有很重要的教学价值，但在教学实践中真正开展时有很大的困难。王老师的上述做法对深入、持久地开展研究性学习有实践指导意义。

　　王老师在选择课题方面也有值得借鉴的地方。他不仅注意引导学生亲身体验社会中的生物学以及生物学发展对社会的影响的课题，如开展"环境调查"的课题，还注意引导学生从自己提出的问题中开展研究性学习，如"秋天在路灯下的树叶比其他树叶黄得晚、落叶也晚"的课题。

"细胞的分子组成"等生物学基本事实的教学，侧重对物质和作用、结构和功能以及现象的描述，"为了帮助学生增加感性认识、克服对微观结构认识的困难"，课标教材中常常既有图示说明，又安排了相关实验，选取学生熟悉的实验材料，使学生更容易理解知识、突破难点。

研究性学习能改变传统教学中学生通过接受学习来习得"已确定的知识"的方式，使得教育所培养的人才具有可持续发展的能力，并具备批判和创新的精神。研究性学习中的"研究"是作为学习基本事实的方式，因此研究的领域不仅仅是未知知识的领域，也有对已知知识的再认识或深化拓展，并且需要注意的是研究的专题也不一定是前沿性或前所未有的。研究性学习的重点是注重研究的过程，注重培养学生收集信息、分析信息、发现问题和解决问题的能力，并且在学生主动学习的过程中培养他们团结协作、创新实践的能力。

（一）研究性学习不同于其他学习方式的特点

1. 研究性学习的载体是专题或问题

研究性学习与学科的课程学习有很大差别：学科的课程学习以学科知识（学科知识体现为教材）为载体，要求学生在学习后形成一定的学科知识结构；而研究性学习以专题或问题为载体，要求学生联系生活中的现实世界，给学生的学习创造更大的空间。在研究性学习中，学生以解决问题为主要任务，在解决问题的过程中会涉及各种知识，要考虑学科间的联系。研究性学习中所涉及的各种知识的选择、积聚和运用完全以问题为中心，呈现横向的、相互交叉的状态。因此，以专题或问题为研究性学习的载体，突破了学科的教学的封闭状态，使学生处于一种动态、开放、多元、自主以及充满趣味的学习环境中。

2. 研究性学习强调过程与体验

研究性学习强调将科学与社会、生活的联系，特别关注环境问题、现代科技对当代生活的影响以及与社会发展密切相关的重大问题。教师要引导学生关注身边的社会和生活，从中发现可以供研究的问题，然后遵循科学家探究的过程，去解决问题。因此研究性学习更强调学习的过程性，要求学生在学习的过程中掌握和强化知识、方法和技能，并且通过对现实问题的研究，培养学生正确的情感、态度和价值观。也正是由于研究性学习的过程性要求教师的评价必须是过程性评价和阶段性评价相结合，要注重学生在研究性学习过程中的表现、理论联系实际以及解决问题的能力。由于研究性学习的载体是专题（或问题），不再是教材，没有了可以操作的范本，突破了"传统的套路"，更重视学生在学习过程中的体验。学生在经过一段时间的研究性学习后，可能最后呈现的结果比较简单、稚嫩，有的甚至有一定错误，但是这并不重要。学生联系身边的生活和社会，亲身体验，通过发现问题、设计课题、收集资料、社会调查，对社会的认识更直接更深刻；通过设计实验，亲手操作实验，获得类似科学探究的体验和过程，培养了学生的科学素养，锻炼了学生的分析问题、解决问题的能力以及终身学习的能力；在研究性学习过程中，学生需要组成学习小组，分工合作一起解决问题，最后还要将研究的结果以各种形式表达出来，培养了合作能力、团队精神以及表达交流的能力。

研究性学习和探究性学习均以转变学生的学习方式为目的，强调主动探究、自主学习和开拓创新的精神，并着眼于培养学生终身学习的能力，但是二者还是有很大差别的。

问题探讨

研究性学习与探究性学习有什么差别？

探究性学习与研究性学习同样都是在教师指导下，学生主动学习，获取知识，培养能力的学习方式，两者的区别主要如下表所示。

比较项目	探究性学习	研究性学习
内容	科学知识	科学知识以及学科知识的实际应用
问题的选择	以促进科学学习为目的	除了促进科学学习，问题还要有现实的研究价值
学习过程	既可以是对某个知识点的探究，也可以是某个知识点一部分的探究	是对某个现实问题的有计划、完整的探究过程
持续时间	大都是在课堂上完成，几分钟也可以完成一个简单的探究活动	需要持续较长时间
学习结果	课堂探究一般要有结果	更强调过程

3. 研究性学习注重学生的参与性及学习的自主性

在知识爆炸的当今世界，能够掌握多少知识已经不是至关重要的了，而如何掌握知识才是最重要的。研究性学习通过学生主动参与、自主选择要研究的问题，自己制订学习的进度和选择学习方法，重在使学生能够以各种不同的方式参与进来。学生在解决问题中学习，独立自主地发现问题，主动积极地探究解决问题，培养了学习的自主性。教师在研究性学习中扮演的是组织者和协助者的角色，给学生提供帮助和支持，但是绝对不能代替学生思考。

4. 研究性学习强调学习的开放性

首先，研究性学习的内容就是学生自己联系生活实际，发现需要研究的问题。其次，在学习过程中，学生在教师的组织和帮助下，根据学习需要，自发组成学习小组。教师对学生的学习方式和途径不加以限制，因此即使是研究同一专题的学生，他们的研究结果的内容和形式也有差别。学生需要解决的问题不是单纯的学科问题，而是来源于生活的综合性问题，所需要的知识支撑突破了学科的界限，需要来自各个学科的综合知识。另外，除了书本知识以外，学生还要广泛地获取未经加工处理的第一手资料，经过头脑的加工形成结论，使获得的知识超出二手的书本知识的极限。

(二) 研究性学习的类型

生物学研究性学习一般是以认识和解决某一以生物学问题为主要目的的活动，包括调查研究、实验研究、文献研究等类型。

1. 实践探究型

生物学是一门以实验为基础的自然科学，许多生命的现象、原理、规律是通过实验手段被逐步认识的。实践探究是生物学研究性学习的主要形式。实践探究就是学生通过自主性实验、主动探索、分析归纳得出科学结论的方法，是一种科学研究性活动，它具有问题来源的实践性、问题过程的探究性、问题思维的开放性等多项特点。对于学生而言，实践过程中的问题解决不仅是一个知识输出的再现过程，更是一个知识信息重组和整合的获得性过程。

2. 调研考查型

社会调查也是研究性学习的一种有效模式，它能引导学生走出校门，参与社会实践，在生活、社会实践中发现新知，如"蕨类植物的调查""水质污染状况调查与对策"等研究活动。这些活动需要学生进行实地调查，尽可能掌握第一手材料，增加研究的真实性和结果的有效性。还需走访研究所、环保局等有关部门，以增加调查报告的全面性和决策意义上的适用性。

3. 文献研究型

教师或师生共同确定某一研究专题，学生通过查阅资料，参考有关信息，最后写出论文的研究形式。如"肥胖基因及其研究进展""自由基因与衰老"等课题，学生必须到图书馆或网上搜集大量有关资料和信息，综合写出相关论文。

在具体操作时，小组合作研究是研究性学习经常采用的组织形式。学生一般由3～6人组成课题组，聘请有一定专长的成人（如本校教师、校外人士等）为指导教师。研究过程中，课题组成员各有独立的任务，既有分工，又有合作，各展所长，协作互补。由于高中学生开展研究性学习的时间不多，因此选择的课题不要太大，教师要引导学生从多角度认识和分析问题。制订研究性学习的计划时，学生需要从多渠道收集所需的资料，建立学习小组。在教师的引导下，学习小组的学生分工合作，学会有条理、有逻辑地整理与归纳资料，综合整理有用信息，并共同讨论和确定具体的研究方案。在实施计划的过程中，学生要注意发挥创新精神，发散性思考问题，在实施计划的过程中，逐步认识客观事物、认识生活，通过体验探究过程，获得综合性的知识，了解知识的运用与价值，锻炼自己的各方面能力，尤其是终身学习的能力。在汇报交流阶段，学生将学习的结果进行归纳整理，总结提炼，形成书面材料和口头报告材料，并且将成果用各种不同方式表达出来，如撰写实验报告、调查报告、研讨会、辩论会、展报等。在交流和研讨的过程中，学生客观地分析和思考，从中寻找自己的不足，发现和欣赏同学的优点，并且可以就有争议的问题进行申辩，从而培养表达能力以及创新能力。

个人独立研究可采用"开放式长作业"形式，即先由教师向全班学生布置研究性学习任务，可以提出一个综合性的研究专题，也可以不确定范围，由每个学生自定具体题目，并各自相对独立地开展研究活动，用几个月到半年时间完成研究性学习作业。高中学生的学习重点是学科课程，因此教师对研究性学习的指导就显得特别重要。在高中生物学研究性学习中，通过教师的指导，学生从"学会"转向"会学"，并掌握了研究性学习的方法和过程，初步培养了分析问题和解决问题的能力，这也为他们在高中阶段继续进行研究性学习打下了坚实的基础。高中生物学研究性学习一般由以下几个环节组成：选择课题、制订计划、实施计划、汇报交流。高中生物学研究性学习中，学生选择课题时，教师要引导学生从身边的生活和社会中发现问题，要培养学生发现问题的能力。

虽然研究性学习重视学生的自主学习，但是并不忽视教师的指导作用。教师本身的知识和经验都比学生丰富，因此要及时了解学生开展研究活动时遇到的困难以及他们的需要，有针对性地进行指导，指导学生学会如何发现问题，如何根据问题选择研究的方法和手段，如何解决实施活动过程中碰到的其他问题。教师要争取学校和家长对学生研究性学习的关心，给学生提供更多的教育资源，为学生研究性学习的顺利开展创造良好的条件。经过初中阶段的研究性学习，学生对研究性学习有了深刻的理解，在高中阶段的研究性学习中，教师要更加注重学生学习的自主性以及思考问题的深度和广度，更注重问题的实际价值。

对于研究性学习的评价也是研究性学习过程中的重要环节。研究性学习强调学习的过程而非学习的结果，强调对知识技能的运用而非掌握知识的多少，强调学生的参与性而非考试的分数，因此研究性学习评价的内容和方式应该充分关注学生的学习态度，关注学生的学习过程，关注学生的动手实践能力、团队合作的能力、表达交流的能力、发现问题以及解决问题的能力。研究性学习的评价主体未必都是教师，可以根据所选择的问题确定评价主体，评价主体可以是教师、学校、家长、同学，甚至是与开展研究内容有关的企业、社区或团体等。评价的手段和方法也必须多样化，并具有一定的开放性。

（三）生物学研究性学习活动程序的安排

高中生物学研究性学习重视活动的结果，也重视活动的过程。教师必须精心安排研究性学习活动的各个环节，包括活动前阶段、活动阶段和活动后阶段三个环节。

1. 生物学研究性学习活动前阶段

活动前阶段的任务是发动和准备，包括让学生发现问题和提出自主研究性学习活动的内容，明确活动的目的、意义、任务、进度、分工及可能的结果，明确活动所需要的科学知识和实践技能，做好活动器具和场所的准备，了解活动的程序并通过讨论和思考提出自己的观点和改进意见等。这一阶段是顺利开展活动的基础，尤其是让学生参与活动方案的讨论和改进，体现学生是研究性活动的主体。此外，精心选择醒目的活动标题是吸引学生积极参与活动的有效方法，如有的教师所拟的"拯救珍奇竹，保护基因库""噪声和摇滚乐对小白鼠发育的影响"等活动的标题就很吸引学生。

2. 生物学研究性学习活动阶段

活动阶段主要是让学生按活动计划完成各自的工作，其中特别要求学生客观地记录研究性学习活动中的现象和结果，并能根据研究性学习进展情况分析改进活动程序，发挥创造性以完成活动。研究性学习活动的目的主要是培养创新能力，所以能否选择创新的方式方法是研究性学习活动成败的关键。

3. 生物学研究性学习活动后阶段

活动后阶段的任务是引导学生分析和总结实验结果，提出创新的见解，并且要抓住研究性学习结果的本质特征，采用科学研究的表述方法（如采用生物科技术语和符号，采用科学图表和照片等），以言简意赅的方式加以表述。语言、文字、科技符号、图形图表等符号系统是人类对信息进行内储和外化的强大工具，人类文明的不断发展离不开符号化的思维和符号化的表述，生物学研究性活动要注意准确表述。首先，要使用准确的科学术语。例如，嫁接活动中可能是枝接也可能是芽接；养金鱼活动时用"抗生素"而不是"抗菌素"；棉花种植活动中观察激素作用时应采用"摘心"一词，而在大头菜种植时采用"挖心"一词等。其次，要有较高的起点。高中生物学研究性学习活动从本质看和科学家的科技活动是一样的：核心是创新。创新有不同的层次，但本质上都是看到了常人视而不见的问题，说出他人心里有同感而又说不出来的话。这就是较高的起点，它是建立在相应的科学理论基础上的新观点。这些新观点不是"照着说和做"就能得到的，而是"接着说和做"才能悟到的。第三，要选择巧妙的切入点。有了新观点才能选择好的切入点，才能更引人关注。第四，不仅要论点明确，更要论据充足。有了较高的起点和巧妙的切入点，就有了明确的论点。而善于抓住问题的本质并准确地加以表述，如采用直观绘图、照片、录像、录音、函数图表等就提供了言简意赅、一目了然的论据。

专题七　信息技术与高中生物学教学

一、观摩案例

思考分析：

1. 在"信息技术与生物学科（DNA是遗传物质）整合课的教学设计"中，王老师的教学方法与传统的生物教学有什么不同？

2. 王老师在教学活动中是怎样将生物遗传内容的教学与信息技术整合起来的？

王老师在整合生物教学与信息技术时先对学情进行了分析。她认为，从学生心理特点看，高二学生整体认知水平已经提高，这成为教师开展本次活动的心理学基础；从信息技术学科的角度看，通过高中一年级的学习，学生已经基本掌握了信息的获取、加工、管理、表达与交流的基本方法；从生物学科的角度看，学生已经学习过相应的内容。

......

导入阶段：向学生展示本次研究的3个主题。

1. 结合教师提供的信息素材及生物教科书，获取有关DNA是遗传物质的研究过程及证据（如肺炎双球菌的转化实验和噬菌体的侵染实验）的信息，采用适当的方式展示出来。

2. 结合教师提供的信息素材及生物教科书，获取有关研究遗传物质的结构及遗传物质的复制信息，采用适当的方式展示出来。

3. 结合教师提供的信息素材及生物课本，获取有关遗传信息是如何传递的信息，采用适当的方式展示出来。

接着，给学生介绍本次活动的研究流程：

1. 根据教师提供的信息素材和研究项目，选定研究主题。

2. 结合教师提供的信息素材和研究的问题，认真考虑和分析后，填写研究问题计划表，为后期的工作打下良好的基础。

3. 浏览教师提供的素材，填写资料分类表。

4. 将分好类的资料，复制到班级作业目录中自己的文件夹中去。

5. 选择一种方式（word 文档、自制的 flash、制作的网页、自己制作的幻灯片、或 excel 表格）呈现你研究的结果，并将你的作品放置在你的文件夹中。

6. 完成主题研究后，在全班对研究结果进行汇报演示。

7. 师生共同制订评价内容、标准后，其他学生对汇报进行评论。

然后，教师又向学生介绍本次作品制作的思路和方法，学生参考，教师要求学生按照生物学科的思想方法和论证步骤完整地处理作品。

教师还对活动技术提出要求：

1. 网页作品要求。A. 首页设计美观简洁，文字配合图片内容贴切，合理使用动态字幕，引发参观者的联想（最好使用表格布局网页）。B. 网站内部超链接无空链接，且为有意义的链接。C. 网站整体能够统一风格，颜色、版面、链接等网页要素能够前后一致，便于他人浏览。

2. 电子幻灯片作品要求。A. 作品使用统一的模板，使他人便于观看、理解。B. 论述所用的幻灯片张数不得少于 15 张（作为完整的论述）。C. 加入作品的文字、图片、动画在版面上布局要合理。

3. word 文档要求：A. 文档使用的文字、图片等内容的排版要仿照报纸版面的布局，图文并茂。B. 所制作的页面布局要有一定的逻辑性，便于今后的演示讲解。

4. flash 动画要求：A. 动画设计的元素内容，要尽量符合生物学科的科学描述。B. 建议使用多个场景，使演示动画便于控制。

……

此后，学生根据主题形成作品，并进行作品展示和评价。

（新疆区乌鲁木齐市第八十中学　王玉老师）

二、感悟信息技术与高中生物学教学的整合

信息化是当今世界经济和社会发展的大趋势，以网络技术和多媒体技术为核心的信息技术已成为拓展人类能力的创造性工具。以个人电脑、网络技术和多媒体为主要内容的现代信息技术的出现，为教学方式与教学模式的变革提供了新的物质基础。计算机多媒体作为新型高科技教学媒体，可以集动画、投影、幻灯、录像、照片、挂图、板书、录音于一体，由计算机实现综合处理和管理，通过十分简便的操作将图、文、声、像等多种信息根据课件创意及使用者的意愿有机地结合传输给学生，不仅能大大提高课题教学效率，还能帮助教师改进教学方法和教学策略，培养学生的创新能力、探究能力和协作能力。生物学是一门理论性、实践性、社会性很强的自然学科，所包含的知识内容非常广泛。现代信息技术与生物学教学结合，可将生物学知识的表达多媒体化，使知识呈现更加生动、形象、逼真，从而在提高学生的学习兴趣的同时提高生物教学质量。

信息时代的到来，为教育的进一步发展创造了良好的机遇。世界各国对信息技术

在教育中的应用，都给予了前所未有的关注。因此，高中生物学教师能否具有相应的信息素养，关系到高中生物学教学质量的提高和教师本身的专业发展。其中，信息技术与生物学教学的整合尤为重要。信息技术与生物学教学整合是基于课程整合的理论和方法，培养学生获取信息、加工信息等能力，从而全面提高学生的信息素养，拓宽学生解决生物问题的思路，真正发挥信息技术对教育变革的推动作用。

问题探讨

什么是信息技术与课程的整合？

目前国内关于信息技术与课程整合的说法很多，一般可以将信息技术与课程整合的定义分为"大整合论"和"小整合论"两种。

"大整合论"认为课程是一个较大的概念。这种观点认为应将信息技术融入课程的整体中去，改变课程内容和结构，变革整个课程体系。信息技术与课程整合是指通过基于信息技术的课程研制，创立信息化课程文化。它针对教育领域中信息技术与学科课程存在的割裂和对立问题，通过信息技术与课程的互动性双向整合，促进师生民主合作的课程与教学组织方式的实现以及以人的学习为本的新型课程与教学活动方式的发展，建构起整合型的信息化课程结构、课程内容、课程资源以及课程实施等，从而对课程的各个层面都产生变革作用，促进课程整体的变革。"大整合论"观点有助于人们从课程整体的角度去思考信息技术的地位和作用。

"小整合论"则将课程等同于教学。这种观点将信息技术与课程整合等同于信息技术与学科教学整合，信息技术主要作为一种工具、媒介和方法融入教学的各个层面中，包括教学准备、课堂教学过程和教学评价等。在小整合论中，信息技术与课程整合的观点包括三个基本点：要在以多媒体和网络为基础的信息化环境中实施课程教学活动；对课程教学内容进行信息化处理后使之成为学习者的学习资源；利用信息加工工具让学生建构知识。这种观点是目前信息技术与课程整合实践中的主流观点。

（一）信息技术与高中生物学教学整合的意义

信息技术以其先进的技术、强大的功能，不但给现代教育带来极大的冲击，也给现代教育注入新的活力。生物学进展迅猛，涉及面广，应用性强，这给教学带来一定的困难，而信息技术与生物课程的整合将给生物学教学带来新技术、新生命。

1. 促进生物教育的终身化和个别化

信息技术与生物课程整合能丰富课程的信息资源，使之不受时空限制。对中学生物学教学而言，信息技术与生物课程的整合打破了学校、教室和家庭的界限，提供了多种信息呈现方式，能使不同学生在建构学习的过程中按照自己的学习方式进行学习。

信息技术与生物课程整合能突破过去学校正规的生物课堂教学的封闭性，为学生个别化、自主化学习和个性发展提供了较好的平台。

2. 促进生物学教学内容的现代化和共享化

传统的生物学教学内容都是由教学大纲决定的，而教学大纲通常都是 5～10 年变动一次。然而，生物科学的发展日新月异，同时，生物教学内容还受到教学计划、课时数、考试方式等限制。信息技术与生物课程的整合弥补了传统教学中信息主要来源于教师、教材的局面，将较新的生物学知识带进课堂，全面实现教学内容的现代化。同时，信息技术能汇集许多博物馆、图书馆、科研机构等丰富的生物学资源，就像空中电子阅览室一样集视频、音频、图片、文字于一体，并随时得到更新，确保丰富的教学资源得以共享。

3. 促进生物学教学趣味化和高效化

兴趣在人的学习中具有重大作用，它是获得知识、开阔眼界、调动思维活动的巨大动力。孔子早就说过："知之者不如好之者，好之者不如乐之者。"爱因斯坦也曾说过："兴趣是最好的老师，真正有价值的东西，并非仅仅从责任产生，而是从人对客观事物的爱与热忱中产生。"学生只有对自己感兴趣的东西才会积极主动地参与和思考，深入和刻苦地学习。信息技术与生物课程的整合不但能为教学提供丰富的动画、视频信息，还具有友好的交互界面和窗口，使学生通过各种灵活方便的交互界面来操纵和控制自己的学习进程。信息技术与生物课程整合能构建图文并茂、动静结合、声情融汇的学习情境，不但能使学生更加兴趣盎然，还能极大地提高学习效果。

观摩反思

在"遗传物质"部分的教学设计中，王玉老师对信息技术与生物学教学整合作出了积极的尝试。她首先对学情进行了分析，这非常必要。她认为高二学生整体认知水平已经提高，学生已经基本掌握了信息的获取、加工、管理、表达与交流的基本方法，学生已经学习过相应的基础知识，因此将这部分内容设计为与信息技术整合的方式是可行的，也是教学有效性的基础。

王老师通过信息技术与生物学教学的有机整合，较好地激发起学生的学习兴趣，兴趣是获取知识、开阔眼界、丰富生活的重要的推动力。这又确保了学生的主动参与。

信息技术与生物学教学的整合也为学生营造了一个生动活泼的教学环境，使学生的想象、思维、情感异常地活跃和丰富，在积极主动地获取知识的同时，增强创新意识。

信息技术与生物学教学整合的教学需要精心设计。王老师从导入 3 项学习课题开始到规范 7 步研究流程，从介绍作品制作的思路和方法到对各类活动技术提出具体要求，都作了详尽的计划，这为后期的作品展示和评价奠定了良好的基础。

（二）信息技术与高中生物教学整合的模式

1. "讲解演示" 教学模式

这种模式的表现形式就是计算机辅助教学（即CAI）。在此模式中，教师根据教学内容和学习者的特点，制作、选用符合要求的课件或资源，然后在课堂上利用课件演示教学内容。在这种模式下，教师花费的时间相对较少，对硬件和软件的个性化要求不高。然而这种模式对促进学生的自主学习、改变教师中心等却无能为力，学生在学习过程中仍处于接受的地位。总之，该模式是信息技术应用于学科教学的最初表现形式，属于整合的最低层次。模式实施的流程如下图：

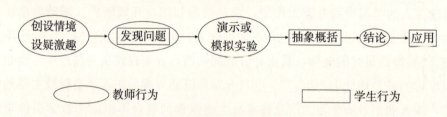

"讲解演示" 教学模式

2. "自主探究" 教学模式

随着信息技术与生物教学整合的深入，生物教学已经不再是简单的投影、幻灯、CAI课件就可以完成的了。面对信息技术的普及和互联网的日益风行，生物教学的重点已经向利用网络环境的方向发展。这种教学模式包括以专题研究的形式进行的学习活动（学生通过使用计算机和网络以独立探索或合作研究的方式解决问题），同时也包括教师在实施 "讲解演示" 模式下，学生积极参与某些问题的探索研究。信息技术与生物教学整合将信息技术作为一种工具手段融入教与学之中，使得 "信息网络环境" "教师" "学生群体" 三者相互作用、相互联系，成为稳定的主动探究、合作的信息化课程教学整合模式结构。"自主探究" 教学模式实施的流程如下图：

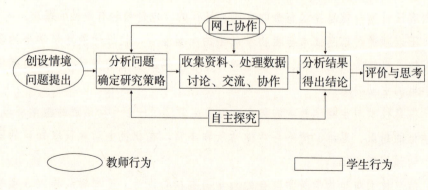

"自主探究" 教学模式

3. "在线学习"教学模式

该模式的宗旨是要提高学习者的理解能力和知识迁移能力。在该模式中，对于同一教学内容，要在不同的时间、不同的情境下，为不同的教学目的，用不同的方式加以呈现。换句话说，在该模式中学生可以随意通过不同途径、不同方式进入同样教学内容的学习，从而获得对同一教学内容多个方面的认识与理解，即学生能够"随机进入教学"。"在线学习"教学模式着眼于教师与学生、学生与学生及社会与学生之间的相互影响，从而改变传统的单向传输教学模式。在该模式中，学生可以从不同层次、不同角度随机进入教学环境中，知识的探究是非线性、超文本、跳跃式的。模式实施的流程如下图：

"在线学习"的教学模式

以上三种教学模式中，"讲解演示"教学模式普遍存在，成为目前信息技术与课程整合的一种主要的教学模式。在教学设备、师资力量等条件具备的情况下可以开展"自主探究"和"在线学习"的教学模式，它们在一定程度上体现了信息技术与课程整合的发展趋势。

在进行信息技术与初中生物整合教学时应注意：教学手段是由教学内容决定的，在教学过程中不可滥用信息技术，而且在应用的过程中不可为了应用而应用，流于形式。应该明确应用信息技术的重要意义在于充分恰当地应用它来增强教学的有效性，提高教学质量，全面提高学生的综合素质。尽管信息技术作为直观的教学工具，具有很大的优势，为学生的学习和发展提供了丰富多彩的教育环境和有力的学习工具，但是传统的黑板、粉笔、挂图、模型等工具，录音机、幻灯机、放映机等电化教学手段仍有用武之地。只有把各种教学工具和教学手段充分结合使用才可得到最佳的教学效果。信息技术的应用可以帮助师生完成许多原先没法亲自动手完成的实践活动，可以通过影像等手段模拟各项生命活动，然而，生命的活性是任何模拟图像无法取代的，而且生物学是一门实践性很强的学科，有些能让学生亲手完成的实践活动或实验就应该让学生亲自去做，因为"纸上得来终觉浅，绝知此事要躬行"，听来的忘得快，看到的记得住，动手做学得会。如果有条件更应带学生走进大自然，去亲身感受、观察和热爱真实的生物。

下 篇

技 能 修 炼

在具体的教学过程中，教师需加强教学设计能力、教学实施能力、教学评价能力等的修炼，以便使教学有章可循，评价有据可依，进而形成良好的教学关系。

专题一　高中生物学教学目标的确定

一、观摩案例

思考分析：

　　1.“细胞呼吸”一节课是高中生物学必修 1 中的重点内容，你是如何确定这节课的教学目标的呢？

　　2.陆老师的教学目标确定得是否的当？目标的表述是否正确？

一、分析课程标准，分析生物教科书，分析任教学生

　　分析：首先，高中生物课程标准在“必修 1 分子与细胞”内容中明确提出了“说明细胞呼吸，探讨其原理的应用”这一具体内容标准。其次，学生在初中阶段已经学习过生物呼吸的有关知识，对呼吸的气体交换现象、细胞呼吸中分解有机物、释放能量等知识有了一定的了解。但限于初中学生的化学知识和认知水平，教师当时对细胞呼吸的过程几乎未涉及。高中学习细胞呼吸，重点放在使学生认识细胞呼吸的基本过程、理解细胞呼吸的本质上，使学生将生物的细胞呼吸的认识提高到一个新水平。从本节的知识结构来看，细胞呼吸过程的知识，是学生理解其分解有机物，释放能量，产生 ATP 的本质的基础；是理解有氧呼吸和无氧呼吸区别和联系的基础；是理解生物细胞呼吸与植物光合作用区别和联系的基础。学生认识细胞呼吸过程，有利于理解内外因素对细胞呼吸的影响，有利于理解细胞呼吸的意义。

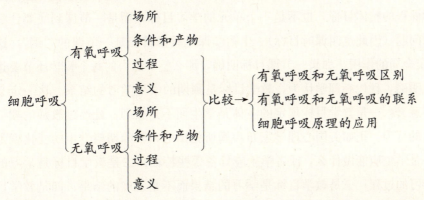

　　虽然这一届高一的学生在初中使用的是课程标准实验教科书，但初三一年时间没有接触生物学科，因此在本节课的生物学知识支撑上有比较明显的缺陷和不足。而且，

细胞呼吸是一个微观的化学反应过程，但是学生的化学知识，尤其是有机化学的知识不足。在细胞呼吸的过程中，糖类等有机物的彻底分解，需经过一系列的氧化还原反应，这些反应所伴随的能量变化，学生理解起来有一定的困难。同时，细胞呼吸的过程比较抽象，如果缺乏直观的辅助教学手段，学生对其理解也有一定困难。

二、按照生物课程标准，确定和表述教学目标

（1）知识目标。

①说出线粒体的结构和功能。②概述细胞进行有氧呼吸和无氧呼吸的过程。③区别细胞有氧呼吸和无氧呼吸的异同点。④应用细胞呼吸的原理。

（2）技能目标。

①培养自学能力，归纳、总结、分析能力。②培养对信息的获取、判断和利用能力。③培养语言表述能力和评价能力。④培养对于知识的应用能力、发散能力和迁移能力。

（3）情感目标。

①通过教学有氧呼吸的主要场所，使学生确立结构与功能相适应的生物学基本观点。②通过分析有氧呼吸和无氧呼吸的关系，理解生命活动不断发展变化及适应的特性，养成运用发展变化的观点认识生命的习惯。

……

（江苏省江阴市祝塘中学　陆晓勤老师）

二、高中生物学教学目标的确定

课堂教学是一种有目的、有计划的教育实践活动，这种教育实践活动的目标就是教学目标。课堂教学目标是指教学活动中学生预期达到的学习结果和标准。它是教师选择教学材料、设计教学方法、实施教学过程以及进行教学评价的依据，是有效教学的开端。生物课堂教学目标就是指通过生物课堂教学活动所要达到的境地或标准，简单地说就是上课的目的。教师在进行教学设计时，应该清楚一节课的课堂教学目标不等同于课程的教学目标，课堂教学目标是课程教学目标的具体化和细节化，它不是着眼于生物学课程的整体目标，也不是一个单元的学习目标，而是一节课到底要让学生学习什么的问题（因此也叫课时目标）。生物学课堂教学目标是一节课的"纲"，这个"纲"有决定全局的作用。如果一节课目标明确，那么整节课内的每个教学环节要达成的目标也就明确。现代心理学认为，教学目标是预期的学生学习的结果。这一定义蕴涵以下几层意义：一是教学目标规定的主体是学生而不是教师，是经过教师的教学后学生表现出的行为。正如美国心理学家布卢姆所指出的，教师期望学生的变化就是教学目标，一是学生应能做什么，或者学生应具备哪些特征；二是教学目标是学习的结果而不是学习的过程；三是教学目标是学习的结果而不是发展的结果；四是教学目标是预期的学习结果而不是现实的学习结果；五是教学目标是教与学双方合作实现的共同目标；最后是教学目标可以利用现有技术手段测量。

高中生物教师专业能力必修　Gao Zhong Sheng Wu Jiao Shi Zhuan Ye Neng Li Bi Xiu

（一）生物学课堂教学目标确定应有依据

生物课堂教学目标的确定应依据生物学课程标准、学生特点和教学内容特点。

课程标准具有一定的法规性，是教学活动的准则。生物课程标准对中学生物学的课程性质、课程理念、教学目标和要求、教材的安排和教学中应注意的问题以及教学的具体内容，做了全面、科学的规定。教师只有通过认真钻研课程标准，吃透课程标准的精神实质和课程理念，才能对教材进行科学分析和正确处理。例如，生物课程标准将知识目标划分为"了解、理解、应用"三个等级层次。在设计课堂教学目标时，教师要正确领会各层次目标的意义和要求，设计偏高或偏低层次的目标都会影响教与学的效果。因此，制订生物课堂教学目标的直接依据是课程标准中确定的课程目标。国家制定的教育方针或教育目的是总目标，也是最基本的目标。这些目标被融入各门学科中去实现，并由专家制订出各学段的课程目标和学科课程的目标。由此可见，课程目标既体现国家的意志，又兼顾了学生、学科、社会的实际情况，体现课程开发的有关价值取向。因此，课程目标是教师制订教学目标的直接依据。教学目标的制订必须依据课程标准，因为课程标准对学生学习提出了总的要求，其基本理念、设计思路和评价要求对课堂教学目标的设计起限定和指导作用。国家在某一学科课程标准中明确指出了该学科的课程目标，生物教师在制订课堂教学目标时，要在充分分析、领会课程目标的精神与要求，把握课程目标对某一内容作出的规定的基础上，将本学段的课程目标分解成章的目标，并进一步分解成节的教学目标和课时目标。因此，制订课堂教学目标的第一步应该是首先充分正确地理解课程目标。

2003 年颁布的《普通高中生物课程标准（实验稿）》中对高中生物课程的总体目标进行了明确的规定：

学生通过高中生物课程的学习，将在以下各方面得到发展：

获得生物科学和技术的基础知识，了解并关注这些知识在生活、生产和社会发展中的应用；提高对科学和探索未知的兴趣；养成科学态度和科学精神，树立创新意识，增强爱国主义情感和社会责任感；认识科学的本质，理解科学、技术、社会的相互关系以及人与自然的相互关系，逐步形成科学的世界观和价值观；初步学会生物科学探究的一般方法，具有较强的生物学实验的基本操作技能、搜集和处理信息的能力、获取新知识的能力、批判性思维的能力、分析和解决实际问题的能力以及交流与合作的能力；初步了解与生物科学相关的应用领域，为继续学习和走向社会做好必要的准备。

同时，课程标准也非常明确地规定了课程的具体目标分为"知识""能力"和"情感态度与价值观"三个维度。课程的具体目标如下：

1. 知识

获得生物学基本事实、概念、原理、规律和模型等方面的基础知识，知道生物科学和技术的主要发展方向和成就，知道生物科学发展史上的重要事件。

了解生物科学知识在生活、生产、科学技术发展和环境保护等方面的应用。

积极参与生物科学知识的传播，促进生物科学知识进入个人和社会生活。

2. 情感态度与价值观

初步形成生物体的结构与功能、局部与整体、多样性与共同性相统一的观点，生物进化观点和生态学观点，树立辩证唯物主义自然观，逐步形成科学的世界观。

关心我国的生物资源状况，对我国生物科学和技术发展状况有一定的认识，更加热爱家乡、热爱祖国，增强振兴中华民族的使命感与责任感。

认识生物科学的价值，乐于学习生物科学，养成质疑、求实、创新及勇于实践的科学精神和科学态度。

认识生物科学和技术的性质，能正确理解科学、技术、社会之间的关系，能够运用生物科学知识和观念参与社会事务的讨论。

热爱自然，珍爱生命，理解人与自然和谐发展的意义，树立可持续发展的观念。

确立积极的生活态度和健康的生活方式。

3. 能力

能够正确使用一般的实验器具，掌握采集和处理实验材料、进行生物学实验的操作、生物绘图等技能。

能够利用多种媒体搜集生物学的信息，学会鉴别、选择、运用和分享信息。

发展科学探究能力，初步学会：（1）客观地观察和描述生物现象；（2）通过观察或从现实生活中提出与生物学相关的、可以探究的问题；（3）分析问题，阐明与研究该问题相关的知识；（4）确认变量；（5）作出假设和预期；（6）设计可行的实验方案；（7）实施实验方案，搜集证据；（8）利用数学方法处理、解释数据；（9）根据证据作出合理判断；（10）用准确的术语、图表介绍研究方法和结果，阐明观点；（11）听取他人的意见，利用证据和逻辑对自己的结论进行辩护以及作必要的反思和修改。

在确定生物学课堂教学目标时，教师要充分考虑到学校、班级的实际，深入了解学生，包括学生的认识能力、知识水平、生活阅历、求知欲等个体因素，也包括优等生和后进生的比例以及他们的能力差别等总体情况。学生的情况不同，教学目标也就应当有所不同。例如，有的教师在确定"细胞呼吸"一节教学目标的时候，充分考虑到他所授教班级学生的学习情况，"学生在初中阶段已经学习过生物呼吸的有关知识，对呼吸的气体交换现象、细胞呼吸中分解有机物、释放能量等知识有了一定的了解。但限于初中学生的化学知识和认知水平，对细胞呼吸的过程几乎未涉及。"因此，他认为"高中学习细胞呼吸，重点放在使学生认识细胞呼吸的基本过程、理解细胞呼吸的本质上，使学生对生物的细胞呼吸的认识提高到一个新水平"，从而结合学生的现有知识背景和能力，进一步确定了"有氧呼吸的过程和原理"是本节课的重要教学目标之一。

观摩反思

陆老师在理解课程标准提出的"说明细胞呼吸，探讨其原理的应用"这一具体内容标准的基础上，通过分析得知，学生在初中阶段已经学习过生物呼吸的有关知识，对呼吸的气体交换现象、细胞呼吸中分解有机物、释放能量等知识有了一定了解，确定把教学重点放在使学生认识细胞呼吸的基本过程、理解细胞呼吸的本质上，使学生对生物的细胞呼吸的认识提高到一个新水平。这体现出陆老师在确定生物学教学目标时兼顾了课程标准、学生特点和教学内容特点。

陆老师在确定课程目标时能考虑三维目标：对知识性目标能从知识结构上加以分析，认识到细胞呼吸过程的知识是学生理解分解有机物、释放能量和产生 ATP 本质的知识的基础，要加强理解有氧呼吸和无氧呼吸的区别和联系，理解内外因素对细胞呼吸影响的知识的教学等，对技能性目标和情感性目标也恰到好处地进行了分析。例如，陆老师提出了"通过学习有氧呼吸的主要场所确立结构与功能相适应的生物学基本观点"这一情感目标，既没有过分拔高，也没有完全忽视。

教学内容的特点也是确定教学目标的主要依据。任何学科的知识都有自身的体系，知识点之间都有内在有序的联系，因此，教师确定教学目标时必须遵循"循序渐进"的原则，必须考虑知识结构的有序性。例如，"ATP 的主要来源——细胞呼吸"一节主要介绍了细胞呼吸的两种方式、它们的原理和大致过程以及细胞呼吸原理在生活和生产中的应用。它与前面所学的细胞器、主动运输、酶、ATP 以及与后面即将学习的光合作用有密切联系。一些教师认为"细胞呼吸过程的知识，是学生理解其分解有机物、释放能量、产生 ATP 的本质的基础，是理解有氧呼吸和无氧呼吸区别和联系的基础，是理解生物细胞呼吸与植物光合作用区别和联系的基础。学生认识细胞呼吸过程，有利于理解内外因素对细胞呼吸的影响，有利于理解细胞呼吸的意义"，从而再进一步明确本节课"说明有氧呼吸的过程和原理"是重要的教学目标。

课堂教学目标的达成是以行为主体的行为表现来衡量的，因此，行为主体的学生是设立课堂教学目标的重要的、不可或缺的关键因素。传统的课程理论和教学理论由于过分强调课程和教学的客观性，成为一种"不见人"的理论，为现代课程与教学理论所抨击。教学必须为学生发展服务，因此，教师要深入了解自己的教学对象——学生的情况，要分析学生的特点及其差异，已学过的生物知识、已掌握的生物技能，从生活中获得的经验和能力以及相关学科的知识和能力等。另外，还必须分析学生进入学习过程前和在学习过程中所具有的一般特征，如学生的生理和心理特征、认知结构的特点、学习风格、思维习惯等。这样设计出来的教学目标具有针对性、实践性、实效性，符合学生的需要，教师在教学过程中才能做好因材施教和因人施教。根据学生的接受能力和对已学过知识的掌握情况，结合依据课程标准提供的教学内容及其对学科知识的分析，确定具体的教学任务、教学重点和教学难点，设计出知识、技能、情感态度与价值观三维目标。同时，也要考虑教学目标的年级特点和层次结构。相同的教学内容针对不同的学生或班级，即使同一个教师也应制订出有所不同、各具特色的课堂教学目标。此外，即使在同一年级的同一活动领域中，教师也需要注意教学目标设计的层次性，使之能够适应不同水平学生的需要。美国教育心理学家布卢姆指出，每一维度的教学目标都包含若干个不同的层次。一节课的内容可以培养学生的能力有很多，究竟选择哪一个或哪几个方面作为本节的目标，还需要分析教学内容、教学条件、教学资源、学生的需要、社会的需要和后续课程的需要。

在明确课程目标的总体要求和学生的实际情况的基础上，教师要反复钻研教材，研究本节课的教学内容，确定本节课的一个个具体的教学目标点，搞清各个目标点的内容范畴，如属知识范畴的，要分清是公理、原理、概念，还是方法、程序、公式，以便选用适当的行为动词，确定具体的行为条件等。高中生物学教学目标既要比较全面，又要突出重点、分解难点。教学内容及其特点，它在课程单元乃至整个学科中的地位和作用，与前后知识的联系等，是影响课堂教学目标设立的内在因素，它直接决定着课堂教学目标的水平层次。一般来说，对于与前后知识联系紧密、影响后继内容的学习和技能掌握的知识，或在知识创新过程中具有重要意义的那些知识、内容或方法，教学目标应有较高的要求，如灵活运用、综合应用、领悟等；对后继学习影响不大或一些繁、难、偏的内容则相应要求低一些，如描述、举例说出等。

问题探讨

教学的难点如何确定？

教学难点的确定也是确定教学目标的重要内容。教学难点是指教科书中学生难于理解、难于掌握的那部分内容，也是学生学习中阻力大、难度高的内容。这些内容有的比较抽象，有的比较复杂，有的比较深奥，有的比较隐蔽。虽然有的教学重点也是教学难点，但教学难点不一定就是教学重点，教学重点也不一定就是教学难点。例如，在有关 ATP 的教学内容中，ATP 分子的特点和 ATP 与 ADP 的相互转变在代谢中的作用，既是教学重点也是教学难点。原因是：（1）教材在此讲述了 ATP 的组成和分子简式、ATP 与ADP 的相互转变及其作用、ATP 的形成途径等内容。关于 ATP 的组成，限于学生的化学基础，在此不宜过于深入。教师在学生了解 ATP 中具有不稳定的高能磷酸键，水解时释放能量，合成时需要能量后，让他们重点讨论释放出的能量用于何处，形成高能磷酸键时能量来自何方，从中理解 ATP 和ADP 的相互转变在细胞能量的储存、转移和利用中的作用。对于 ATP 的形成途径，因学生还未学习呼吸作用和光合作用的过程，在此也不宜太具体地讲解。（2）学生难以理解糖类、脂类等能源物质与 ATP 的区别及为什么细胞内各种生命活动需要 ATP 的水解供能，也难以理解呼吸作用分解有机物释放能量与 ATP 分解释放能量在生理作用上的区别。

教学难点包括学生难学和教师难教两方面因素。由于学生难学导致教师难教，或由于教师难教而造成学生难学，二者往往是相互影响、相互制约的。确定生物教学难点一定要从学生实际出发，重视对学生学习心理的分析，重视思维障碍的表现与成因。例如，上述有关 ATP 的教学，有些教师主要依据学生的现有知识水平和理解水平进行分析，他们认为教学有难度与高一学生在初中三年级时没有接触生物学科有关，因此在本节课的生物学知识支撑上会有比较明显的知识薄弱环节和不足。而且，细胞呼吸的化学反应是一个微观过程，学生的化学知识尤其是有机化学的知识也可能不足。而有的教师从教材本身分析，依据知识本身的特点展开教学，如在细胞呼吸的过程中，糖类等有机物的彻底分解需经过一系列的氧化还原反应，这些反应伴随能量变化。这些知识内容比较抽象，学生理解有一定困难。

和确定教学重点一样，教学难点的确定除了依据教材和学生本身的知识和能力水平外，还要考虑到生物课程标准中提出的教学理念和教学目标。例如，过去的难点主要聚焦于"教"上，即教师如何突破讲解难度以便让学生听懂，现在则要关注"学"的难度，即从学生自主突破难点的角度来创设教学情境，设计教学流程。如设计"细胞膜的结构和功能"一课的教学情境时，必须设法让学生自己提出问题、作出假设、观察实验、得出结论，使之开展有效的自主探究，这才是教师必须首先突破的教学难点。

（二）生物课堂教学目标确定应有原则

生物课堂教学目标的确定应遵循科学性、全面性、主体性、层次性和可操作性等原则。

科学性原则是指教学目标的设计要注意其实现的可能性。各要点的教学目标不一定都能达到最高层次，通常应该选择位于学生的"最近发展区"内，即学生经过努力能够达到的层次要求。较高层次的教学目标可以考虑设计成动态的、相互联系的若干中间目标，使目标具有发展性。如对放热反应的学习，学生肯定能联想到燃烧能放热、某些爆炸能放热、某些溶解能放热、化学过程有放热、物理与生物过程也有放热等，但它们有什么本质的区别或内在的联系，并不需要教师一气呵成，这是教学的策略。

全面性原则是指教学目标的制订要面向全体学生，使全体学生都能充分地发展。面向全体学生的基本教学目标，又要针对学有余力的学生提出适当的提高要求，制订出有一定弹性的教学目标体系。全面性原则也指教学目标要有利于学生的全面发展。生物教学目标的表述也应是多维的、全面的，既要有"知识"与"能力"领域的结果性目标，又要有"情感态度与价值观"领域的体验性或表现性目标。在确定目标的内容范围时，要全面考虑三个维度，不可偏废。知识、技能、情感、态度及价值观等领域的目标要有机地融合在一起，要体现促进学生全面发展的思想，在学生获得知识和技能的过程中，促进其情感体验，帮助其形成科学的世界观和方法论。当然，在具体的每节课中教学目标又可以有不同的侧重点。

主体性原则是指从学生出发，表述学生学习的行为结果。行为主体的变化不是简单的表述方式的改变，它体现出教师的课程观、教学观、评价观的根本转变，它体现出教学过程由教师本位向学生本位的转变，体现出教师角色由传授者、控制者、主导者向参与者、帮助者、引导者的真正转变，体现"以学生发展为本"这一理念的真正落实。

层次性原则是指对每一领域的目标应作更细的划分。教学目标必须有层次，一方面，对不同知识点的学习结果有不同的要求，这是由知识点在学科体系中的不同地位和作用决定的；另一方面，学生的个体差异决定了在相同教学环境、时间内，不同的学生不可能达到相同的学习水准，因而应该用不同的标准去衡量和评价学习结果。落实到微观层面，一堂课也应展现教学目标的层次性，以便识别和挖掘学生的各种智力潜能，培养其多元的智力结构，使具有不同智力体现的学生在同一空间获得合理的发展。

可操作性原则是指目标的可观察与可测量问题。由于课堂教学目标直接作用于课堂实际教学活动过程，因此，设立的目标一定要具有可操作性，能够对课堂教学内容的组织、教学方法的选用、教学环节的安排、活动主体等都有具体、明确的规范、导向和约束作用。教师要依据课程标准的要求，根据教材的内容和学生的认知结构、能力水平、生活阅历、兴趣、习惯等，把教学目标具体化，把学生当做行为主体，以行为目标的方式进行具体、精确地表述，使标准具有较好的清晰度，保证了标准的可测性，使标准的评价有了直接的"标尺"。一个好的目标体系，实际上已蕴涵了学习结果的测量和评价标准。所以，教师在制订教学目标时应该准确地选择和使用相应的行为动词，使其具有可操作性和评价功能的甄别性。

三、高中生物学教学目标的表述

1934 年美国俄亥俄州立大学的泰勒教授提出了行为目标概念，指出行为目标是指表述学生学习之后将产生的预期的行为变化的目标。1962 年，为了克服传统教学目标的含糊性，马杰（R. E. Mager）根据行为主义心理学提出了行为目标的理论与技术，主张用预期学生学习之后将产生的可观察、可测量的外部行为变化来表述教学目标。马杰指出行为目标包含 4 个要素：行为主体、行为动词、行为条件、行为标准。例如，"学生在学习完碱基互补配对原则后，能从已知 DNA 双链中腺嘌呤的比例推算出正确的鸟嘌呤所占比例"，在这里，"学生在学习碱基互配对后"是行为条件，"学生"是行为主体，"推算"是行为动词，"正确的鸟嘌呤所占比例"是行为标准。在实际应用中，有时为了表述方便可省去行为条件和行为主体，前提是以不会引起误解或多重理解为标准。

生物教学目标的表述是生物教学设计的关键部分，关系到课堂教学内容和教学方法的选择、教学策略和教学媒体的合理组合和运用以及对教学成果的合理评价。它既是课堂教学的出发点又是课堂教学的归宿，也关系到生物课程目标的实现和国家基础教育目标的落实。课堂教学目标的表述是指用具体的、可操作的和可测量的言语来陈述教学目标，其目的是使教师更好地把握教学目标，使学生更好地理解教学目标。因此，教学目标的确定应注意表述的规范。

（一）行为主体

生物学教学目标的行为主体必须是学生而不是教师。教学目标是评价学生的学习结果有没有达到的依据，而不是评价教师有没有完成某一项工作的依据。因此，教学目标是预期学生的学习结果，即预期学生通过学习后产生的行为变化、内在的能力和情感变化。学习目标是对学生学习行为结果的预期描述，是以学生为目标行为主体，而不是以教师为目标的行为主体。判断教学有没有效果的直接依据是学生有没有获得具体的进步，而不是教师有没有完成任务。这是新课程标准与原教学大纲的描述方式的不同之处，体现了两种截然不同的教学理念。例如，"培养学生……""使学生……""提高学生……""对学生进行××教育"等描述都不符号学习目标描述的要求。虽然在目标描述中常常将行为主体"学生"省略，但行为主体已隐含在目标中。要改变采用"使学生""培养学生"等目标表述模式，采用"学生能""学生具有"等表述方法，清楚地表明学生是目标实施的行为主体，当行为主体省略不写出时，从上下文要能看出行为主体是学生。

观摩反思

在描述学习目标时教师比较容易失误的是对行为主体的认识。学习目标是对学生学习行为结果的预期描述，是以学生为目标行为主体，而不是以教师为目标行为主体。在陆老师的教学目标分析和阐述中，他对知识目标的分析和阐述是正确的，行为主体虽然省略了，但明显是指学生。如"说出线粒体的结构和功能"和"概述细胞进行有氧呼吸和无氧呼吸的过程"等。在技能目标的分析和阐述中，陆老师也能明确行为主体是指学生。例如，"培养自学能力、归纳、总结分析能力"和"培养语言表述能力和评价能力"等。在情感目标的分析和阐述中，陆老师提出的目标之一是"通过教学有氧呼吸的主要场所，使学生确立结构与功能相适应的生物学基本观点"，这一目标中的主体则明显是指"教师"，因为只有教师才能"使学生确立……"等。

还有值得商榷的是有关"培养对于知识的应用能力、发散能力和迁移能力"目标的描述。在普通高中生物课程标准中将"应用"归为"知识性目标"动词类别，因此在选用这类动词的时候要更加准确才行，否则会造成实施目标时的迷茫。

在实际教学工作中，我们必须面对两个现实问题：一是教学目标由谁确定，二是教学目标为谁确定。这涉及教师和学生的地位、作用等基本理论问题。在实际教学过程中，教师的主导作用一般都体现得比较好，但学生的主体作用却往往体现得不够。学生在学习过程中是根据自己的知识经验对外部信息进行主动选择、加工处理，进而获得意义的，这是他人无法替代的。教师确定的教学目标无论怎样科学，教学内容无论怎样精彩，教学形式无论怎样新颖，如果离开了学生主体的能动参与，教学目标终将难以达成，教学活动也将难以顺利进行，所以教学目标的设计，必须考虑教学内容、教学条件、教学环境以及教师的自身特点，还要以学生的实际为根据，以保证学生的主体地位得到实实在在的体现。

（二）行为动词

行为动词用以描述学生所形成的可观察、可测量的具体行为。行为动词必须是可测量、可评价、具体而明确的，不能是模糊、笼统、抽象、不可测的。马杰提出，好的行为目标应该符合三个条件：一是要明确，教师教学后，学生能做什么（或会说什么）；二是要规定学生的行为产生的条件；三是规定符合要求的作业的标准。

借鉴布鲁姆的教育目标分类思想和加涅的学习结果理论，结合我国的教育教学实际，生物新课程标准将课程目标分为三个领域：知识、技能、情感态度与价值观，即结果性教学目标和体验性教学目标。为了更好地描述动态性的目标，新标准使用了大量的行为动词。教师在叙写教学目标时要以课程标准的行为动词为依据，科学、合理、准确用词。在传统的表达方式里，受过去"教师是教学主体"的思想影响，教学目标中的行为动词运用了一些比较笼统、模糊的动词，如"了解""理解""掌握""提高""应用"等。这些目标表述的都是有关学生的内部心理状态，缺乏量化标准，我们无法知道或观察到学生是否已经"了解""理解""掌握""提高""应用"，可测性和可比性都比较差，不利于教师上课时的把握，评价的难度、随意性也相应增强。新课程理念要求：行为动词应尽可能是可理解的、可评估的、具体明确的、可操作的、有一定清晰度的。例如，在学完有丝分裂后，学生能对有丝分裂和无丝分裂加以识别。这一表述中并未出现"理解"这一术语，但学生必须准确理解"有丝分裂"的定义方能实现目标中规定的行为。这是因为学生必须借助已掌握的"有丝分裂"概念才能区别有丝分裂和无丝分裂。

教学实践中，行为目标虽有明显的优点，但教师应用起来普遍感到困难。原因是教师长期受传统的目标表述方式的影响，对于他们来说："培养××的精神"（情感教育），"深刻理解××"（概念规则理解），"掌握××方法"（技能形成）等这样一些词语，既好懂，用起来也很方便。目标一旦行为化以后，他们反而不理解已列出的行为暗含着什么样的心理实质。要想让教师自如地应用行为目标技术，认知心理学和行为心理学理论与应用技术方面的培训是必不可少的。另外，行为目标技术较适合低级水平教学目标的表述，较高级的教学目标尤其是情感领域的目标，难以从某一单一的行为中表现出来。例如，如果教学目标是"培养学生的环境保护意识"，根据行为目标理论，可以表述为如下的行为目标："学完本节课后，学生能调查当地水源污染情况并形成报告在班级上讨论"，后一目标显然非常具体，可以观测，但是如果教师意识不到教学的真正目标是学生情感方面的变化，仅把教学局限于表面的行为，也会使教学误入歧途。

高中生物课程标准对具体内容标准的表述所用的动词分别指向知识性学习目标、技能性学习目标和情感性学习目标，并且分为不同的层次。具体说明如下表：

普通高中新课程的教学目标层次表

	各水平的要求	内容标准中使用的行为动词
知识性目标动词	了解水平：再认或回忆知识；识别、辨认事实或证据；举出例子；描述对象的基本特征等。	描述、简述、识别、列出、列举、说出、举例说出、指出、辨别、写出、排列
	理解水平：把握内在逻辑联系；与已有知识建立联系；进行解释、推断、区分、扩展；提供证据；收集、整理信息等。	说明、举例说明、概述、评述、区别、解释、选出、收集、处理、阐明、示范、比较、描绘、查找
	应用水平：在新的情境中使用抽象的概念、原则；进行总结、推广；建立不同情境下的合理联系等。	分析、得出、设计、拟定、应用、评价、撰写、利用、总结、研究
技能性目标动词	模仿水平：在原型示范和具体指导下完成操作。	尝试、模仿
	独立操作水平：独立完成操作；进行调整与改进；与已有技能建立联系等。	运用、使用、制作、操作、进行、测定
情感性目标动词	经历（感受）水平：从事相关活动，建立感性认识。	体验、参加、参与、交流、讨论、探讨、参观、观察
	反应（认同）水平：在经历基础上表达感受、态度和价值判断；做出相应反应等。	关注、认同、拒绝、选择、辩护
	领悟（内化）水平：具有稳定态度、一致行为和个性化的价值观念等。	确立、形成、养成、决定

（三）行为条件

行为条件是指影响学生产生学习结果的特定的限制或范围，为评价提供参照的依据。在叙写课堂教学目标时，有时需要表明学生完成指定的学习活动或任务的特定的限制或范围。条件一般包括环境、设备、时间、信息以及学生或教师等有关人的因素。对条件的表述有 4 种类型：一是允许或不允许使用手册与辅助手段，如"可以（或不可以）使用生物实验指导手册"；二是提供信息或提示，如"根据细胞工程原理，说出……"；三是时间的限制，如"在 10 分钟内，能做完……"；四是完成行为的情境，如"在讨论时，能形成……意识"。

（四）行为标准

行为标准是指学生对目标所达到的最低表现水准。行为标准用以评价学生学习表现或学习结果所达到的程度。行为标准是规定行为在熟练性、精确性、准确性、完整性、时间限制等方面的标准，这是对每一个学生的行为质量的最起码的要求，也从一个侧面反映了教师所要达到的教学效果，如"描述生长素的特性"。在水平层次的叙写上要有层次性，如"能正确写出植物光合作用反应的方程式""至少举出三个生态工程对环境影响的例子""说明配子的形成过程"。

专题二　高中生物学教学设计

一、观摩案例

思考分析：

1. 你可能上过"基因的分离定律"一节课，它是高中生物学必修 2 中的重点内容之一，你是如何设计这节课的呢？

2. 汪老师的教学设计是否得当？

一、教学目标

1. 知识目标。举例说明基因与性状的关系；说出孟德尔的选材原因、实验方法和操作要点；阐明一对相对性状的遗传及性状分离的概念，解释性状分离现象。

2. 能力目标。通过学习一对相对性状的遗传实验，体会科学研究的一般过程，尝试像科学家一样进行解释和推理；通过对孟德尔实验的科学方法的学习，提高探究能力以及接受科学方法的训练。

3. 情感目标。通过对孟德尔的生平以及他为遗传学所做的贡献的了解，学习孟德尔热爱科学、锲而不舍的精神。

二、教学重点

1. 解释孟德尔对一对相对性状的杂交实验结果提出的假说和结论。

2. 尝试科学研究的一般过程。

三、教学难点

1. 尝试科学研究的一般过程。

2. 通过性状分离比模拟实验，说明相关的概率问题。

四、教学设计思路

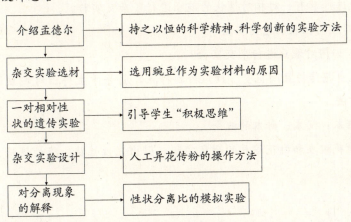

五、教学过程

（一）导入新课

人们对于遗传问题的研究，最初是从生物性状的研究开始的。提问：遗传和变异的概念是什么？

19世纪以前，人类就试图解释遗传现象。（教师提供亚里士多德和柏拉图对人类遗传现象的解释。亚里士多德认为，雄性为胚胎提供了"蓝图"，母体为胚胎提供了物质。柏拉图则认为，有关孩子生下来更像父亲还是更像母亲，取决于受孕时父亲的感情更强烈些，还是母亲的感情更强烈些）

（二）介绍孟德尔

子代和亲代之间相似现象的规律是由奥地利神父孟德尔揭示出来的。孟德尔用豌豆作为实验材料，最先揭示出了遗传的两个基本规律——基因的分离规律和基因的自由组合规律。

学生课前收集整理有关孟德尔的家庭背景、知识背景和时代背景的资料，在课堂上进行交流。（也可教师提供相关资料）

（三）孟德尔的豌豆杂交实验

1. 简要介绍杂交概念以及孟德尔进行杂交实验的原因，即要解决当时困扰人们的一些问题：性状是由什么控制的？它们在细胞中怎样存在？它们是如何传递给子代的？

2. 教师提供不同品种的豌豆以及豌豆花的结构图片，引导学生观察、思考，并回答孟德尔选用豌豆作为实验材料的原因。

（1）豌豆是严格的自花（授）粉植物，而且是闭花传粉，在自然情况下一般都是纯种。

（2）豌豆的一些品种之间具有易于区分的性状。

3. 讲解相对性状的概念。教师出示人的一些典型的相对性状的图片，如耳垂的位置、是否卷舌等，帮助学生理解相对性状的概念，并通过练习进行巩固和反馈。

4. 观察课本上豌豆的7对相对性状图及相关内容，质疑：对多对相对性状应如何进行研究？

教师针对学生的回答指出：孟德尔为了便于分析，他首先把注意力集中在一对相对性状上，他选择具有一对相对性状的豌豆进行了杂交实验。

（四）一对相对性状的遗传实验

1. 质疑：如何对豌豆进行杂交实验？

根据豌豆自花传粉且闭花受（授）粉的特点，引导学生得出对豌豆进行人工异花传粉的操作方法。

2. 引出亲本、父本、母本的概念。

3. 介绍紫花豌豆和白花豌豆的杂交实验，引出显性性状、隐性性状、性状分离的概念。

高中生物教师专业能力必修

Gao Zhong Sheng Wu Jiao Shi Zhuan Ye Neng Li Bi Xiu

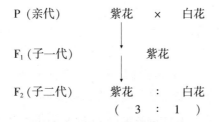

4. 质疑：以上实验现象的出现是偶然的还是必然的？

出示课本上"豌豆的 7 对相对性状的杂交实验的结果"图表，引导学生"积极思维"。分析以下问题：

（1）计算并填写每个杂交组合中 F_2 表现型的显、隐性比例。

（2）从孟德尔的实验数据中能够得出什么结论？

教师小结：孟德尔观察了数千株豌豆的杂交情况，并且对每一对相对性状的试验结果做了统计学分析，最后都得到了与上述实验结果相同的结果：子一代只表现出显性性状，子二代出现了性状分离现象，并且显隐性之比为 3：1。

（五）对分离现象的解释

1. 组织学生讨论。生物的性状是由什么控制的，基因在生物体内的存在形式以及在亲子代之间的传递方式，重点讨论为什么 F_1 只表现出显性性状，F_2 出现了 3：1 的分离比。

2. 教师利用板书讲解孟德尔对分离现象的解释。

F_2 有三种基因型：AA：Aa：aa＝1：2：1，2 种表现型：紫花：白花＝3：1。

3. 引出等位基因、纯合子、杂合子的概念。

（六）边做边学：性状分离比的模拟实验

课前布置学生预习实验，让他们分组合作，自主选择实验材料。

课堂交流：用来代表父本、母本的实验材料是什么？（如学生带来的两个小桶、小碗、小盒子等）。分别用来代表含基因 A 和 a 的雌、雄配子的实验材料是什么？（如学生带来的黑白棋子、黄白两色小球等）。雌雄配子的数量是否一定要相等？含基因 A 和 a 的雌（雄）配子数量是否一定要相等？

学生分组实验，统计数据，记入表中。每组汇报实验数据，总结实验注意事项。教师汇总，进行数据分析处理。

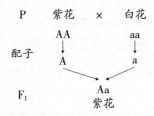

F₁ 雌配子 F₂ 雄配子	A	a
A	AA紫花	Aa紫花
a	Aa紫花	aa白花

（七）学生讨论

1. 如果从两个小桶内重复抓取一次小球，在取出小球之前，你能估算出 AA、Aa、aa 组合的概率是多少吗？

2. 为什么全班的实验结果与预期的结果更接近？假如当时孟德尔只统计了 10 株豌豆的性状，那么，他还能正确地解释性状分离现象吗？

拓展实验：在甲、乙两个小桶内放入 2 种彩球（标号 A、a）各 10 个和 2 种黑白棋子（标号 B、b）各 10 个，学生甲从甲桶中随机取彩球和棋子各一个，学生乙从乙桶中随机取彩球和棋子各一个，记录雌、雄配子的类型以及雌雄配子结合所形成的子代的基因型。重复以上步骤 100 次，统计数据，记入表中。实验数据可在基因的自由组合定律的学习中继续讨论分析。

本课小结：请学生写归纳性小结。

（江苏省南京市第三十九中学　汪菁老师）

二、高中生物学教学设计的技能

教学设计可以从狭义和广义两方面来定义。狭义的教学设计一般是指经验式教学程序的编制、安排等工作。广义的教学设计是运用系统理论，探索、规划教学全过程，通过评价以求得教学效率最优化的系统方法。教学设计是指运用系统方法分析研究教学的问题和需求，确定教学策略、教学方法和教学步骤，并对教学结果作出评价的一种计划过程与操作程序。指导教学设计的理论有很多种，从教学的实际需要看，大多采用系统科学的观点来指导教学设计，因而教学设计也称为系统教学设计或教学系统设计。

教学设计必须以教学理论为依据，单纯依靠系统方法只可保证教学系统的完整性、程序性和可操作性。由于教学设计是对教和学的双边活动进行设计，是以人类的学习心理为依据探索教学机制，从而建立能合理安排和规划教学全过程的理论和程序。因此，以探讨教学规律的教学理论作为教学设计的理论支撑，能为教学设计提供科学决策的依据。例如，斯金纳的程序教学、加涅的信息理论、布鲁姆的目标分类理论等都是促进教学设计的有力的理论基础。

教学过程与信息传播是密不可分的，因而，传播理论也是教学设计的理论基础。传播理论中的信息编码、反馈、翻译、发送等应用于教学设计当中，可以使教学设计变得更加有效。此外，随着多媒体的广泛使用，教学中媒体的合理设计和选择也离不开传播理论的支持。

教学设计也需要教师经验。教师经验包括教师本人教学经验的积累、教师同伴的经验以及通过各种渠道获取的优秀教师的经验。虽然在教学中，仅仅依赖经验是不可取的，且很难获得大的进步，但是经验对于教师的成长和教学设计都是必不可少的。由于教学是一个极为复杂的运动过程，科学理论和方法在实际应用时会有相对的局限性，这就需要教师的经验加以弥补。

（一）教学设计的特征及其基本要素

1. 教学设计的特征

（1）指导性。教学设计是教师为组织教学活动而进行的精心设计，反映了教师的教学理念、对学生的要求、教师的期望、将要采取的措施等。与课堂教学相比，教师在教学设计阶段，有充分的时间对整个教学过程进行周密计划、反复检查，从而使教学失误降到最低。由于教学设计的方案是指导教学的依据，因而要求教师在进行教学设计时，一定要认真思考、全面规划，提高设计方案的科学性和可行性。

（2）统整性。教学是由多种教学要素组成的复杂系统，教学设计就是以系统科学的方法对教学活动进行的安排与组合。这是科学的教学设计与以往的经验教学设计的主要区别。经验教学设计往往只关注教学的某个部分（如教学内容或教学方法），具有较大的局限性和片面性；而科学的教学设计则要求对每一个教学要素做周密的分析和设计，使之达成有机的配合，对各由要素组成的教学活动进行综合的规划与安排，使之成为完整统一的整体。

（3）可行性。教学设计是教学理论与教学实践之间的结合点，它既有一定的理论指导意义，同时又落实于教学实践。在成熟的教学设计方案中，各类教学目标被分解成具体、可操作的目标，对教学活动的各要素都作具体的思考、明确的规定和安排，并都有极强的可操作性。抽象的理论转化为具体的操作行为，是教师组织教学的可行性依据。

（4）创造性。教学设计实际上就是创造性地思考、设计教学方案的过程。教学设计要求教学程序化、合理化和最优化，但它并未否定教学实践的自由性和教师的创造性。在教学设计时，教师可以有目的地突出某些教学要素，如某一教学方法、新教具的采用或设计新的教学情境等，从而使教学活动更加有效地进行。由于教学设计同教师个人的教学经验、风格、智慧紧密相关，每个教师的教学设计都会不同程度地带有个人风格与色彩，因而，教学设计为教师发挥才能提供了广阔的空间。

2. 教学设计的基本要素

虽然教学设计的理论仍在不断地发展，但教学设计都开始关注学习者、教学目标、策略和评价这四个基本要素。

学生是教学活动的主体，是教学活动的中心。在教学设计的过程中，必须时刻关注学生，以学生为中心。

教学设计的类型多种多样，有学期计划、单元计划、课时计划等。但是，无论是哪种类型的教学设计，都是为了达成一定的教学目标或者完成某些教学任务。对教学目标进行研究，可以保证教学设计的方向和教学设计的效度。

教学策略的研究是为教学过程的顺利开展而进行的，将教学原理和规律运用于教学实践是教学设计的核心内容。

评价是对教学设计的反馈，教学设计可以在此基础上进行及时修正。

观摩反思

　　汪老师对本节课的教学设计充分关注了学习者、教学目标、策略和评价四个基本要素。这从她的设计简图中可以清楚地看出来：图的左侧显示了汪老师设计的教学环节，图的右侧对应的是每个教学环节的教学目标和策略。例如，"引导学生积极思维"的教学策略表明她关注学习者。本课小结是请学生写归纳性小结，表明她注重评价改革。

　　此外，需要注意的是，将教学设计分为四个基本要素是为了更好地理解和操作，但在进行教学设计的工作中，一定要从教学设计的完整性出发，保证学习者、教学目标、策略和评价等四要素的一致性。

（二）生物学教学设计的具体操作

1. 学习任务的分析

　　生物学教学设计始于教学目标的确立，要以目标的形式描述学生的行为。因此，生物学教学设计关注的是教学后学生会发生什么样的变化，而不是在教学的过程中学生在做什么。新一轮基础教育课程改革要求生物学的教学目标不再是单单希望学生在学习生物学之后掌握相关的生物学知识，而是要求学生在知识、技能、情感态度与价值观方面都发生变化。从另一角度而言，教学设计的目标是多层次的：终身目标、教程终极目标、单元目标、具体的作业目标、使能目标。任务分析的目的是为教学的有效进行提供依据，即分析各个层次目标的实现需要的条件——必要性条件和支持性条件。所谓必要性条件是指该条件是某一层次目标的组成成分，必要条件的学习是作为先前事件发生的。例如，如果要求学生掌握光合作用的单元目标，那么植物的新陈代谢和叶绿体的结构就是必要性条件。所谓支持性条件就是使某个学习目标完成得更容易。同样是光合作用的学习，光合作用的发现史就是一个使能目标。在教学中，教师可以设计各种支持性条件，但必须清楚必要性条件。

2. 学习者分析

　　学生对特定学科内容的学习已经具备相关的知识与技能的基础以及对有关学习内容的认识与态度，称为学生的初始能力，相对教学过程而言称为教学起点。二者内涵相同，指向不同。初始能力分析包括对先决知识和技能的分析、对目标技能的分析、对学生对所学内容的态度的分析。初始能力和教学起点的确定方法有一般性了解与预测两种。获得学生一般特征的方法有访谈观察、考试、问卷调查、查阅文献等。

3. 确立作业目标

　　作业目标能充分、具体、详细地显示学生的进步。作业目标是可观察的、可测量的行为陈述，在此阶段之前，设计者已经充分考虑如何在课程或单元水平上把需要和目标转化为教学计划。而作业目标将作为其他一切工作的指导，即指导发展课时计划和指导用于监测学生进步和评价教学的测量。现代意义上的学习与发展，不仅是使学生掌握科学知识，而且是知识、能力、情感态度与价值观三维目标的统一体，所以在设计作业目标时，要充分考虑目标的各个维度。

4. 教学策略和方法的制订

教学策略是对完成特定的教学目标而制订的教学顺序、教学活动程序、教学方法、教学组织形式和教学媒体等因素的总体考虑。教学策略具有如下特点：指示性和灵活性，不具有规定性和刻板性；没有任何单一的策略能够适用于所有的情况；有效的教学需要有可供选择的各种策略因素来达到不同的教学目标；最好的教学策略就是在一定情况下达到特定目标的最有效的方法论体系。制订教学策略主要是从学习目标出发，根据学习理论和教学理论，研究符合学习内容、适合教学对象特点的策略。

5. 课程资源的选择和利用

为了支持教学目标的顺利完成，在教学过程中要以不同的方式为学习者呈现各种教学信息。选择什么样的课程资源来传递信息和提供刺激可以达到较好的教学效果，是每一个教学设计者在进行教学设计时必须考虑的。教学传递的实现，既可以是教师的口授，也可以利用印刷材料或借助各种音像材料甚至实物来完成，生物学科的特点决定了生物学课程资源的丰富性。但实际的教学往往不是单独使用某种课程资源，而是各种课程资源的精心组合，以达到最佳效果。

选择课程资源时应考虑课程资源的特性、预期的学习结果等。例如，希望学生掌握减数分裂过程的内容，那么多媒体、动画是有效的课程资源。而若需要学生了解光合作用的发现过程时，呈现言语资料的课程资源则也是一种不错的选择。在选择课程资源时还应该充分考虑学生的特点。对于低年级的学生，可以较多地使用实物、模型、幻灯等各种感官都能感受到的媒体；对于高年级的学生，则可以使用文字材料、语言媒体来达到教学目标。当然，课程资源的选择还受到文化背景、实用性、经费等因素的影响，为了达到教学目标，在学校已有课程资源的基础上，教师还应主动开发相关课程资源。当然，在选择、利用和开发课程资源时还应考虑教学内容和学生的特点。

6. 教学评价

对教师形成的教学设计（包括教案）及教师选用、改编或创新设计而成的相应教学材料进行效果、效率和能否吸引学生等方面的评价，称为教学设计成果的评价，它涉及教学过程的各环节。

学生行为评定的目的是为了确定学生的能力水平、鉴别学生的学习差距，评价可采用形成性评价和终结性评价的方式。普通高中课程标准实验教科书蕴涵了形成性评价和终结性评价的范例，生物学教师只要深入钻研普通高中生物课程标准，充分领悟教科书的编写意图，就能完成学生行为的评价任务。例如，课程标准要求学生能"概述生物多样性保护的意义和措施"，教科书则编写了"如何保护生物多样性"的"积极思维"活动。一些教师能够按照教科书的内容，让学生掌握保护生物多样性的主要措施，了解我国颁布了《中华人民共和国野生动物保护法》等多部法律，通过教科书中的"练习题"对相关知识和能力完成终结性评价。同时，教师还通过让学生讨论"作为一个高中学生，你能为保护生物多样性做些什么"的问题，渗透情感目标，通过观察和交流进行形成性评价。

问题探讨

教学设计过程中应注意什么问题？

教学设计是一项复杂的工作，在教学设计中，除了分析教学任务、分析学习者、确定教学目标、选择媒体和教学策略以及教学设计的评价之外，还应注意以下几个方面：

(1) 把握学情，突出学生的主体地位

教学设计必须考虑参与组成教学的各项活动的学生，确定学生的知识基础和认知水平，根据学生的准备状态进行教学。明确教学目标和学生原有的知识结构，确定教学的出发点，是教学成功的重要因素。所以，进行教学设计时应充分把握学情，根据学生的起始能力，确定教学的出发点，合理设计教学步骤，使教学真正适合学生的实际和需要。同时，教学设计也必须考虑学生是有个体差异的，应该寻找一条合适的途径，缩小学习者的差异，使每一个学生都适合于该教学设计的实施。反过来，教学设计又要考虑如何使学习者的个性得到合理而又充分的发挥。

(2) 高瞻远瞩，处理好教学内容

处理教学内容既是一个思想性问题又是一个方向性问题。处理时应做到：源于教材又高于教材，即能站在一定的高度观察教材，跳出教材的直觉视面，突破陈旧的教学思维和方法；用好教材又熟练地驾驭教材，解决"教什么、怎么教、为什么教"的问题，使得生物教学不仅表现为学生思维活跃、目标达到高度，而且表现为学生好的学习习惯和方法的养成，学生能主动地获取知识。生物学教学不单纯是传授知识，更重要的是学习能力的培养。而能力的培养是以生物学知识的教学为载体的，在知识转化成能力的过程中，学生是主体，教师的作用是促进这种转化。教材提供的是静态知识，只有把教材知识内容转化为动态知识，即转化为一定的活动，才能形成认知，被学生"内化"。所以，进行教学设计时，应根据教材内容和学生特点，灵活多样地选择教法，努力实现三个转变：变"给学生讲清楚"为"让学生想清楚"；变"让学生知其然"为"让学生知其所以然"；变"让学生学会"为"让学生会学、想学、乐学"。教学设计时，要根据知识的衔接和思维认知过程的需要，注意哪些内容可提前，哪些内容需重组，哪些内容要添加。这样处理，一是理顺了学生学习内容的认知层次，加强了该单元认知结构的层级性，二是按调整后的结构顺序教学，很自然地实行了近距离对比，加强了教学力度，强化了知识在学生头脑中的可辨别性。

（3）客观地分析教学问题

任何一种教学设计理论的基本前提都是为学生的学习考虑。一般的教学设计都十分关注对学习者的分析，因为学习者的风格和特征是影响学习效果的重要因素。但是，教学问题的出现是由症状、根源和出现的条件三要素构成的开放系统，而且相对来说，产生问题的根源对于正确决策要比现状类的信息更重要。因此，只看到问题的表现症状，看不清问题出现的原因和条件，进而无法清晰界定教学问题，教学决策就可能严重失误。因此，应客观地分析教学问题。

三、高中生物学教学的备课技能

备课是教师的基本技能之一，备课通常是指撰写教案。教案与教学设计既统一，但也有区别。

教学设计包括学习者需要分析、学习内容分析、学习目标阐明、学习者分析、教学策略的制订、课程资源的分析和应用以及教学评价等因素。所以，教学设计是一个泛化的概念，包括教案、学案、评价方式以及课程资源的应用等。教学设计常使用表格的文档方式，附件可能有电子类教学资源。

教案仅是实施教学的计划安排，是教学的内容文本，是教学设计的核心部分，一般为课堂实录式等。教案是指导教师自己上课的"备忘录"，一般包括教学目标、教学方法、重难点分析、教学进程、教具的使用、课的类型、教法的具体运用、时间分配等因素，体现了课堂教学的计划和安排。教案也是考察教师备课的依据之一，备课的充分与否直接关系到教学的成败，一堂备得充分的课会令教师和学生都受益匪浅。

生物学教师是课程改革的关键，而生物学教师的成功主要体现在课堂。引入新的理论和方法，寻求适合时代发展要求的备课模式成为广大教师的追求之一。

（一）生物学教学备课的基本原则

1. 树立正确的课程观

传统的备课模式是钻研教材，钻研大纲和教参。传统的教学目的就是如何有效地传授给学生大量的知识，知识是教育的终极目标，教科书是传授知识的全部内容，教师的任务就是教知识，整个生物学教学的过程就是教师教书、学生背书的过程。随着课程改革的推进，新的教育理念的传播，人们开始对这种教育方式进行反思。人们认识到教育的目的是为了学生的终身发展，教材是知识的载体，但是教材并不等于教学内容，教材是学生学习的媒介，也是教师教学的媒介。随着课程标准的颁布，各种教材版本的发行，如果把教材当圣经只会把学生引入歧途。所以教师必须根据实际情况，以学生为中心，联系学生实际，对教材内容进行加工改造，把教材的内容变成合适的教学内容。

2. 以课程标准为指导

传统的教学一直强调大纲的作用，各种教学都围绕大纲。随着课程改革的推进，普通高中生物课程标准取代了高中生物学教学大纲。尽管传统备课也强调教学大纲的作用，但由于受"教科书即知识"观点的影响，教科书的编写基本围绕着教学大纲，因此广大教师在备课时很少或根本不看教学大纲。实施课程标准以后，课程标准只规定了学生学习的"基本要求"。教师必须根据学生的实际情况，寻求适合不同层次学生的生物学教学内容。课程标准把学生学习的过程与方法作为教学目标提出来，注重学习生物学方式的多样化，课程标准中的"活动建议"对教师引导学生学习、培养学生能力有较好的指导作用，比教学大纲具有更强的可操作性。教师洞悉了课程标准的教学理念，就能提高高中生物学教学质量。

3. 以学生为中心

教师在备课时要充分了解学生的原因主要是，根据认知心理学的观点，新呈现的知识，只有和学生头脑中原有的经验发生联系，才能被学生接受，转化为自己的知识。由此可见，教师所呈现的知识，既不能超出学生的经验范畴，又不能完全归属于学生的经验范畴。这就要求教师在备课时，能多从学生的角度出发，来思考教学内容的组织。作为教师不但要吃透所讲的知识内容，还要对学生可能提出的问题事先设计、了解和考虑。对在观察、实验操作中出现的现象，怎样去引导等问题教师都要深思熟虑，做到有的放矢。备课时，教师还要了解学生的兴趣爱好。如果在备课的时候，一方面能考虑到学生的兴趣爱好，以学生感兴趣的内容为教学切入点，另一方面能考虑到如何通过生物课堂教学培养学生的兴趣，无论是对生物学教学还是对学生的发展而言都是很有益处的。

（二）生物学教学课前备课的主要程序

1. 研究课程标准，明确教学目标

教师在备课时要根据课程标准明确教学目标和要求，通览全册教材，对照教师用书进行教材分析，明确知识、能力、技能、思想教育等目标，对所应传授的基础知识，需培养的能力与技能，需进行的思想教育都要做到心中有数。

2. 研究课程标准，全面熟悉教材

在备课中，要确定教学的重点、难点，理清教学内容的发展线索、结构等。从知识结构看，对整个教材的知识系统要了解，本内容在整个教材或学生学习中的地位要了解，并且把握教学内容之间的纵横联系，做到心中有数。以"光合作用"为例，在教科书中除了"光合作用"和"细胞呼吸"等相关内容外，与该内容相关的还有"细胞的化学组成""细胞的结构和功能""ATP和酶"等。由此可见，教学并不是孤立发

生的，教学内容相互作用而构成了一个知识的网络。

3. 研究课程标准，充分了解学生

教师不仅仅从教学任务出发研究学生，还要从学生的角度出发，来分析学生的初始状态，其中包括学生在知识、情感和技能方面的准备状况。如果不同班级之间的学生差距较大，教师应尽可能设计不同层次的目标和教学内容，帮助学生达到目标。就一个班级整体而言，则应以中等水平的学生为教学起点。整个教学设计以学生的学为中心，教师的角色定位为学生学习活动的设计者、组织者，而且在备课的过程中，要考虑设计学习方式，在教学中尽可能给予学生观察、实践、探究等自主发现知识的机会。

4. 研究课程标准，精选课程资源

教学程序即教学内容的各组成部分的排列顺序，它决定"先教什么，后教什么"。

教学活动程序的建立。加涅的学习信息加工论是设计教学活动的主要理论依据。加涅提出的教学活动的九个教学事件是教师所能做的事情的种类，而不是死板地规定了教学事件发生的流程。教学活动设计中不能完全按照加涅关于教学活动的九个过程安排教学活动，而要根据学习目标的性质设计相应的教学活动。

教学组织形式的合理选用。目前常用的三种教学组织形式是集体授课、自学、小组相互作用，它们各有优点和缺点。教师应根据学生和教学内容的实际情况，选择合适的教学组织形式。

教学媒体和资源的选择与利用。新课程突出了合理使用教科书，即教师不再是教科书的忠实执行者而是课程资源的开发者、创造者。课程资源不再是静态的文本，不是生物教学中固定不变的、唯一的课程。

5. 研究课程标准，撰写课时计划

教学目标确定后，一节课的教学框架已基本确定，此时教师要本着精选择优的原则，根据初步设计的多种教学策略方案，从中选择或修改具体的教学结构顺序、教学活动安排，设计教学语言，撰写课时计划。

生物学教学的详案一般包括以下组成部分：课题、教学目标、教学重点和难点、教学方法、教具准备、教学过程、板书设计和课后练习等。教师在编写详案时还要考虑怎样设计习题作业，引导学生将所学到的知识运用于新的情况，学练结合，促进知识迁移。

撰写生物学课时计划是教师备课的重要的内容，其目的是保证教学能够有条不紊地、按计划、有步骤地进行。这对于全面完成生物学教学的目的任务、提高教学效率、减少失误等都是十分必要的。制订生物学课时计划包括制订学年（或学期）教学计划，单元教学计划和课时教学计划（即通常所说的"教案"）。

（1）学年或学期教学计划。学年或学期教学计划是新学期开始之前由教师根据课程标准、教科书和学校工作计划的要求制订的，通常是由任课教师制订经教研组集体讨论并交学校有关部门审查后执行的，它是保证整个学期教学工作得以顺利进行的必要步骤。学年或学期工作计划一般包括如下内容：

学年或学期总的教学目的和要求。它是根据课程标准、教科书及学生的实际情况提出的，包括应掌握的知识、情感态度与价值观和能力等方面的要求。其根本依据是《普通高中生物课程标准（实验稿）》提出的教学目标。

分析和掌握教科书的特点，确定教学的重点和难点。教师在通读教材的情况下应了解教科书内容的特点。例如，必修1涉及了较多的"分子与细胞"方面的知识，包含许多重要概念（如蛋白质、酶、ATP、光合作用、细胞呼吸、细胞分化、细胞凋亡），学习这些知识需要相应的化学知识，这些知识比较微观、抽象，因而教师应注意概念教学，加强联系生活实际和生产实际。

明确本学期或学年的教学研究任务。教师在制订学年教学计划时，应将自己本学年的教学研究任务考虑在内。例如，加强对学生学习方法指导的研究；加强实验教学的研究；自制教具或开发课程资源的研究；考试方式改革的研究等。

安排教学进度，确定授课时数。根据课程标准的要求、教科书各章节的课时计划数和学校的校历，结合教学内容特点和学生实际情况及教学研究任务，对教学进度做出初步安排。在安排进度时，既要周密紧凑，又要考虑适当留有余地，同时要防止前松后紧或前紧后松的现象。总之，教学计划要有利于学生高效率地学习，保证课程目标的达成。

制订本学年或学期的实验材料和教具的准备计划。由于生物生长发育的季节性和周期性等特点，必须有计划地及早进行准备，要根据教学进度和当地的自然地理条件，详细制订出采集、培养及制备工作计划（即制备历程表）。教学计划一般要求一式三份，一份交教导处，以便学校领导检查；一份交教研组，以供教研组长检查和教师互相听课之用；一份教师备用。

学年或学期教学工作计划格式如下：

学年和学期教学工作计划

课程_____ 年级_____ 教师_____ 学年_____ 学期_____

周次	自 日至 日	课时	教学内容	实验材料及课程资源	备注

（2）单元教学计划。单元是指教材中一些知识相近、联系密切的内容构成的相对独立的单位。生物课本中有几个单元，也就是有几个相对独立的部分。由于每个单元的内容都有其内在联系，因此，在进行单元教学之前应编写单元教学计划。单元计划要在学年或学期计划的基础上，确定单元的目的、知识结构和重点难点，并以课为单

位逐节安排进度，确定主要教学方法及教具。这样既可保证学年或学期计划的贯彻落实，又可指导课时计划的编写和执行。因为，单元教学计划是学年或学期计划的具体化，订好单元计划，明确了本单元的教学目的、知识结构和重点难点，就有利于分析每节课在单元教学中的地位和作用，有利于分析其内容之间的相互联系，从而确定每节课的目的和重点，加强教学的系统性，并防止遗漏、重复或时间安排忽松忽紧的现象。

常见的单元教学工作计划格式如下：

单元教学计划

单元_____	___年级___班	___学年___学期
教学目的：	教学重点：	

课序	周次	日期	课题	教学方法	教具

教学目标是要在重读本单元有关部分课程标准和教科书的基础上，分析本单元在整个生物课程中所处的地位和作用及与前后知识内容的相互关系，从而确定本单元应达到的教学目的，要求结合本单元内容把课程标准上该课程的总目标具体化。例如，提出本单元应向学生传授哪些生物学基础知识和基本技能，培养学生哪些生物学能力，进行哪些方面的思想教育等。

教学重点是在明确了本单元的教学目标后，分析本单元知识结构内容范围及深广度，再从中找出贯穿教材最为核心的内容。

课序与课题，是指本单元每节课的先后顺序教学主题。这是教师根据单元的知识结构系统、知识的内在联系，全面地考虑教学安排，把单元内容按课时分成相对独立的小段，确定每课主题和每节课的顺序。

教学方法和教具，是把每节课采用的主要教学方法和教具确定下来，以便进一步作为教学准备。

（3）课时计划。课时计划也称教案，它是在单元教学计划确定的每一节课的教学内容范围的基础上编制的。课时计划是教师上课前最详尽的方案，对保证上好每节课，提高教学质量具有决定性的作用。教师还可利用教案来检查自己的教学效果，为提高教学水平和进行教学研究工作提供资料。此外，课时计划还是领导检查教师备课的依据之一。

课时计划包括课题、周次及日期、教学目的、教学重点和难点、课型、教学方法、教具、教学进程、板书提纲及课后记录等项。

教学目标。课时计划中的教学目标是生物课及其各单元教学目标的具体化。只有保证每节课达到教学目标，生物学教学任务才能实现；只有明确了每节课的教学目标，才能围绕教学目标组织教材，才能突出重点、主次分明、层次清楚，使单元教学结构严谨、合理；明确了教学目标，也为选择教学方法提供了依据。总之，教学目标是一节课的方向、出发点和归属，因此，要高度重视，认真确定，切不可草率从事。

例如，要认真钻研课程标准、教科书和分析学生实际。教师在制订前两项教学计划前需对课程标准和教科书进行阅读分析，此时需要分析课程标准的具体要求、教学内容的安排及教学中应注意的问题等，搞清楚与本课题有关问题的要求和指示。再根据大纲的要求阅读教科书，首先要求把本节课的教学内容弄懂，把基本概念、原理和基本思想一一理清，并能作出科学、准确的解释和说明；其次，要对教学内容和各部分透彻地加以理解，掌握其内在联系及与此节课内容的前后联系，并从系统性、科学性、思想性、能力培养和理论联系实际等方面加以分析，做到融会贯通，使之成为自己的知识体系；最后，教师的思想情感还要和教学内容的思想性、科学性、系统性等融合在一起，使知识、情感态度与价值观、能力目标形成一个有机的整体。分析考虑学生的实际，包括学生已有的知识结构和能力水平、学习本节课有无困难以及对本节课内容的兴趣等，这样，吃透了教科书和学生"两头"，就为拟定本节课的教学目标打下了良好的基础。

教学重、难点。在教学目标确定之后，就要围绕着教学目标要求，分析本节课的知识结构及其在单元教学中的地位、作用，确定本节课的教学重点。一般来说，教科书的重点往往就是教学的重点，但有时也不一致。例如，在高中生物学绪论教学中有关"学习生物学的重要意义"的内容是教科书的重点，但在具体处理上，则可能不一定作为教学的重点。教学的重点是指那些在教学过程中必须集中力量、花大力气去解决的教与学的关键问题。关键问题解决了，一般问题就迎刃而解。显而易见，教学的关键问题是实现达到教学目标的桥梁。要提高教学效率，充分地利用每一个 45 分钟，就必须把有限的时间花在需要掌握的问题上。对于非重点内容则必须"忍痛割爱"，作一般处理，力争通过突出重点去解决一般。难点则是学生学习过程中的主要障碍，一般情况下，这些难点都与学生掌握重点知识有直接关系，也就是教学的重点，需要花大力气去突破难点，扫除学习的障碍。例如，高中生物学必修 2 教科书中的"重组DNA 技术"的内容学生不容易理解，是教学的难点，但又是学生必须掌握的教学的重点内容，教学中需要千方百计突破它，使抽象内容具体化、形象化，由感性到理性，理论联系实际，化繁为简，深入浅出，务使学生透彻理解、牢固掌握。有时，难点与学生掌握重点知识关系不大，不会影响学生对重点知识的掌握，对于这样的障碍则可回避或绕行，不要把学生的时间和精力消耗在不是必须突破的难点上。

课型、教学方法及课程资源。根据每节课的教学目的、教学内容、学生实际以及教师本人情况和学校条件情况，确定课型、教学方式及课程资源，列入课时计划中。课型一般包括综合课、新授课、实验课、参观课、复习课等。教学方式一般指讲授、讨论和探究等。课程资源则有活的生物体、标本、模型、挂图、投影、幻灯、电视、多媒体或网络等。

观摩反思

汪老师的"基因的分离定律"一节课体现了她对教学难点和课程资源的充分考虑。例如，她在课前进行教学设计时就确定"通过性状分离比模拟实验说明相关的概率问题"为教学难点之一，因而课前布置学生预习实验，分组合作，自主选择"性状分离比的模拟实验"所需的材料。

在课堂上开展交流：用来代表父本、母本的实验材料是什么（例如学生带来的小桶、小碗、小盒子等）？分别用来代表含基因 A 和 a 的雌、雄配子的实验材料是什么（例如学生带来的黑白棋子、黄白两色小球等）？雌、雄配子的数量是否一定要相等？含基因 A 和 a 的雌（雄）配子数量是否一定要相等？

在此基础上安排学生分组实验，统计数据，记录数据。每组汇报实验数据，总结实验注意事项。教师汇总，进行数据分析处理。

再次提出问题引导学生讨论。

在完成教材上的模拟试验后，汪老师又拓展实验：在甲、乙两个小桶内放入 2 种彩球（标号 A、a）各 10 个和 2 种黑白棋子（标号 B、b）各 10 个，学生甲从甲桶中随机取彩球和棋子各一个，学生乙从乙桶中随机取彩球和棋子各一个，记录雌、雄配子的类型以及雌雄配子结合所形成的子代的基因型。重复以上步骤 100 次，统计数据，记入表中。该活动所得实验数据为下节课"基因的自由组合定律"的学习埋下伏笔。

板书提纲。根据本节课的教学目标、教学内容等设计板书提纲，列入课时计划。板书提纲可以采用词语、表格或图文的方式。例如，通过表格的方式板书"复制""转录""翻译"三个概念的比较（见下表），学生就会更好地掌握这些容易混淆的概念。

复制、转录、翻译概念的比较

	复制	转录	翻译
场所	核内	核内	核糖体
模板	DNA	解旋 1 条有转录意义的 DNA	信使 RNA
原料	4 种脱氧核苷酸	4 种核糖核酸	氨基酸
产物	1 分子 DNA　　2 分子 DNA	mRNA，tRNA，rRNA	蛋白质

教学过程。这是课时计划的主要组成部分，一般包括组织教学、复习检查、导入新课、学习新内容、巩固新内容、布置作业等几个基本教学环节及每个环节的内容、

方法、时间分配。课时计划有详案和略案之分，主要是指教学进程写得详细或粗略。教学方法的应用，包括何时讲授、提问、演示实验或教具，何时组织讨论、自学以及板书等。

（三）生物学教学的"课后备课"

经过精心的准备，课堂教学似乎可以按部就班地进行，但事实上，一堂课不论你备课时考虑得如何周全，也不可能把活生生的学生在这节课的学习过程中的一切行为都设想得非常周全。因为设想替代不了现实，学生的课堂生成随时都会发生，因此"课后备课"也很重要，"课后备课"的核心内容是"课后反思"。"课后备课"是下一次"课前备课"的重要基础。

课前备课是教师为上课而做的准备工作，是教师上好课的重要前提。但教师在具体执教过程中往往难以完全体现教案中的设计构想，这其中的原因是需要及时反思和探究的。课后备课是教师（特别是年轻教师）专业成长的一条有效途径，也是备课的重要环节。教师通过课后备课，记录自己的感受、心得、评价与修订，并在此基础上进行再备课，总结教学经验。这既可以为今后的教学提供有益的借鉴，又便于及时地弥补教学中的遗憾，并修正失误，不断充实自己的教学，切实提高教学水平和教学质量，从而达到实践——认识——提高、再实践——再认识——再提高的效果。课后备课的核心内容是反思。

1. 反思成功经验

反思教学成功经验就是对教学过程中达到预先设想目的、取得良好效果的做法加以反思。教师每上一节课总有精彩之处，如有时课堂气氛特别活跃；有时教师成功地运用了某种十分称心的教学方法，信手拈来；有时实验教学的效果特别理想；有时教学引起了学生异乎寻常的共鸣；有时开展"双边"活动取得意外的成功；有时某些教育思想得到了有效的渗透等。这些都是授课者应该及时总结的内容。反思不仅仅是对成功经验的总结，而且要思考为什么会取得这些成功，寻求成功背后的原因，这是反思的目的所在，也是教师进步的动力。

2. 反思不足之处

无论准备得如何充分的课堂，都会有一些问题或不足之处，因为课堂不是死的，是发展的。对问题进行反思就是将处理不当的地方记录下来，寻找原因和解决问题的方法，如有时对学生的了解不够充分，有时对课堂教学的节奏把握不好，或是课堂教学未能突破难点等。对待课堂教学的各种问题，教师应该认真剖析原因，如果能在每次教学后都仔细查找教学中的不足和失误，努力寻找解决问题的办法，生物学教师的专业发展就会伴随日常教学而积累，这是教师专业发展的最佳之路。

3. 反思教学机智

教学机智是指教师在授课过程中偶然出现的灵感或解决问题的方法。教师应将这些记录下来，供以后教学参考。在课堂教学中，随着教学的进行，教师往往会因为一

高

中生物教师专业能力必修

Gao Zhong Sheng Wu Jiao Shi Zhuan Ye Neng Li Bi Xiu

些偶发事件而产生瞬间的机智，这些机智往往不由自主地出现，如不及时记录或利用课后反思去捕捉，那么就会成为过眼云烟。

4. 反思学生的变化

学生是课堂教学的主体，教师要时刻关注学生在课堂上的反应和变化。有时，学生会对问题有独到的见解，而有时学生又会陷于困境。教师要善于及时地捕捉学生在课堂上的表现，及时记录和反思，这可以帮助教师更多地了解学生的薄弱之处，找出解决问题的方法。

总之，课后教学反思有话则长、无话则短，但要求每事必思、每课必议、反复思考、总结提高，这样积沙成塔、聚少成多，长期坚持必有所成。通过教学反思，教师能不断更新教学观念，改善教学行为，提升教学水平，真正成为教学和教研的主人，实现从教书匠向学者型教师的转变。

叶澜有一句名言：一个教师写一辈子教案不一定成为名师，如果一个教师写三年教学反思，就可能成为名师。这说明生物学教学的"课后备课"的重要性。

专题三　高中生物学教学实施技能

一、观摩案例

思考分析：

    1. 谢老师在实施"生长素的发现"这一节课中采用了许多教学方法，你对这些教学方法有何认识呢？

    2. 你在采用这些教学方法时应该注意哪些教学技能？

    谢老师搜集了有关生长素发现的科学史的材料，并制作了计算机辅助教学软件，他计划在课堂上利用科学史的材料组织学生学习"生长素的发现"的内容。

    "在日常生活中，我们时常能观察到植物向光生长的现象，如窗台上的花卉。什么样的光线能引起植物向光的方向生长呢？"

    "固定方向的光线。"学生很快就作出了回答。

    "怎么才能证明这一点？"

    "做实验！"学生不假思索地回答。

    "这个实验应该怎样做？"

    学生开始热烈地讨论，并提出了各种想法。谢老师没有对学生的想法作出评价，而是告诉学生早在 1880 年，达尔文曾用虉草（一种多年生单子叶草本植物）研究过植物向光性生长的问题，后来其他科学家用胚芽鞘又进行过类似的研究。

    接着，谢老师呈现了这位科学家的研究过程（图 1、图 2），并提出问题："比较这两个实验的条件有何不同？从实验中我们能得出什么结论？"

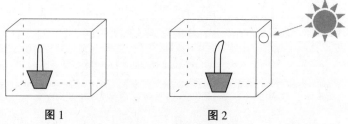

图1　　　　　　　　图2

    学生和谢老师一起讨论，归纳出：两个实验的条件只有一点不同，即有无单侧光照射。通过实验可得出，单侧光能引起胚芽鞘两侧生长不均衡的结论。

    谢老师又提出了一个问题："我们知道，有单侧光照射，植物就会向着光的方向生

高中生物教师专业能力必修 *Gao Zhong Sheng Wu Jiao Shi Zhuan Ye Neng Li Bi Xiu*

长。那么，植物的向光性生长与植物体的哪个部位有关？"

"既然是胚芽鞘的上端发生弯曲，那么这种弯曲就可能与它的尖端有关。"有学生很快就作出了假设。

"很好！"谢老师进一步追问："怎样才能证明这种猜想？"

学生纷纷提出自己的设想，有的提出切去胚芽鞘的尖端，观察其生长情况；有的提出是否可以用遮光的办法，分别遮住胚芽鞘的不同部分，再比较各自的生长情况。

此时，谢老师适时地向学生介绍："历史上，有位科学家也采用了遮光的方法进行研究。"并呈现了这位科学家的研究方案和实验结果（图3、图4）。谢老师接着说："这个实验结果恰好与同学们的假设吻合，即胚芽鞘的弯曲生长与尖端有关，尖端是感受光刺激的部位。但如果没有右侧的实验，我们能否得到这样的结论呢？为什么？"

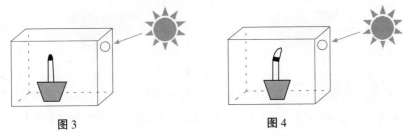

图3　　　　　　　　　图4

"不能。因为没有右侧的实验作为对照，就不能肯定只有尖端与弯曲生长有关。"

"很好！我们已经知道尖端是接受光刺激的部位，尖端在单侧光的照射下会影响其他部位的生长。为什么会这样呢？"

在接下来的讨论中，学生的意见分歧很大。一组学生想到："是不是因为胚芽鞘的尖端产生了某种物质，这种物质对胚芽鞘下面的部分产生某种影响呢？"谢老师向学生展示了胚芽鞘结构方面的资料，引导学生讨论所提出的各种猜测中哪种可能性更大。最后，大多数的学生认同了上述猜测的可能性更大，但仍有同学坚持自己的想法。谢老师在表扬那些坚持自己想法的同学的同时，指出多数同学认同的假设正与当时科学家所做的猜想一样。

接着谢老师又提出："要判断是否是因为胚芽鞘尖端产生了某种物质向下传导从而引起弯曲生长，我们该怎么做？"

"一个切断胚芽鞘尖端与下方的联系，另一个不切断，然后比较它们在单侧光照射下的生长情况。"有一小组的学生经讨论后，非常明确地回答。

"非常好！"谢老师十分满意学生能深刻地理解对照实验的作用，同时适时地呈现了1910年丹麦生物学家鲍森·詹森所做的实验（图5、图6），并组织学生讨论实验结果。

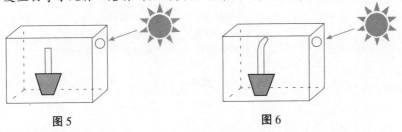

图5　　　　　　　　　图6

"原来尖端确实是在产生的物质影响下生长的。"学生高兴地报告自己的讨论结果。

此时，谢老师进一步提示："鲍森·詹森所做的实验存在一定的缺陷，你们认为在哪里？"

"他的对照实验存在问题。"有学生抢着回答。

"最好在尖端和下部间放上一块不透水的塑料薄片。"有学生补充说。

"很好！"接着，谢老师又呈现了匈牙利科学家拜耳在 1914 年所做的更为深入的研究。（图7）

图7

"拜耳为什么要将切下的尖端放在胚芽鞘的一侧？这个实验说明了什么？"

有学生得出了结论："胚芽鞘放尖端的那侧，尖端所产生的物质分布较多。"

"尖端产生物质较多的一侧，生长得更为迅速。"有学生补充说。

经过讨论和交流，所有学生达成了共识："胚芽鞘的弯曲生长是因为尖端所产生的物质不均匀分布的结果！"

"那么，单侧光所起的作用又是什么？"

"那一定是它造成了尖端所产生的物质在尖端下部不均匀地分布。"学生肯定地回答。

"非常好！"谢老师继续说："科学家并不满足，1928 年，荷兰生物学家温特提出了新的假设'如果尖端确实通过产生某种物质来影响下部生长，那么这种物质应该可以转移到一种载体里面，从而使该载体具有与尖端同样的效力'。"接着，他展示了温特的实验。（图8）

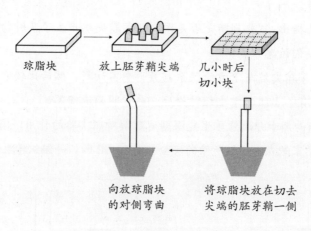

琼脂块　　　　放上胚芽鞘尖端　　　几小时后切小块

向放琼脂块的对侧弯曲　　　将琼脂块放在切去尖端的胚芽鞘一侧

图8

"从这个实验中能得出什么结论?"

"这个琼脂块与胚芽鞘的尖端具有相同的效果。"

谢老师高兴地说:"很好!但尖端所产生的这种物质到底是什么?生物学家花费了大量的时间去研究,直到1934年荷兰人郭葛从人尿中分离出了一种有机化合物——吲哚乙酸,将其混入琼脂中后做了下面的实验。"(图9)

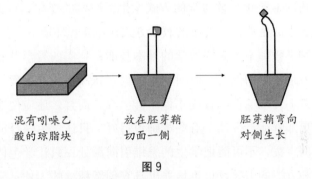

混有吲哚乙
酸的琼脂块　　放在胚芽鞘
切面一侧　　胚芽鞘弯向
对侧生长

图9

"分析这个实验结果,能得到什么结论?"

"吲哚乙酸也能促进植物的生长。"学生很快地做出了回答。

"混有吲哚乙酸的琼脂块与温特实验中的琼脂块具有相同的作用。"另一位学生进一步做了说明。

"是的,这两者很相似。后来,人们发现胚芽鞘尖端所产生的物质就是吲哚乙酸,它能促进植物的生长发育,人们将它命名为生长素。"

至此,谢老师总结:"像生长素这样在植物体内一定部位合成的,并且对植物体的生命活动产生显著调节作用的微量有机物,就统称为植物激素。同时我们从人类对生长素的认识历程可以看出,科学上的每个认识都凝聚了许多科学家的智慧和踏实细致的研究。"下课前,谢老师还提出一个要求:"希望同学们能为温特先生的实验设计一个对照实验。"

(摘自《普通高中生物课程标准(实验稿)》)

二、高中生物学教学实施技能

生物学教师实施教学的过程就是一个采用多种教学方法完成教学目标的过程。教学方法是师生为达到教学目的而开展的教学活动的一切办法的总和。它包括教师的教法,也包括学生的学法,是教师教与学生学相互协同完成教学任务的方式方法,是教法与学法的统一。但是,教学方法也不是教师的教法和学生学法的简单相加,也不能把教师的教法和学生的学法截然分开。教师的教法必然要通过学生的学法,从而体现教法的作用,而学生的学法,在教学过程中,实际上是在教师的指导下(或影响下)的学法。教学方法是教法和学法的辩证统一。刘舒生主编的《教学法大全》认为"教学法是师生为达到教学目的而开展的教学活动的一切活动办法的总和","教学法应当是在一定的教学思想指导下的教学方式方法及组织形式等的总和、总体，是特定教学思想指导下，实现教学目的的一系列教学活动方式方法的体系"。从这里可以看出，学习方法和学习方式、教学方法和教学方式几乎就是同义词，或一直被认为是同义词，而实施教学和运用各种教学方法又依赖于教师的教学基本技能。

长期以来，扎实的教学基本技能始终是生物学教师的职业追求。随着新课程积极倡导学生学习方式的多元化，教与学的方式发生了明显的变化，自主、合作、探究式的学习成为课堂教学的主旋律，传统的教学方式在新课程环境下存在许多明显的问题。但这并不是说生物学教师不再需要教学的基本技能，扎实的教学基本技能永远是使学生更加深入而有效地学习的保证，而问题是如何在新课程要求下发挥教学基本技能的作用。对教师而言，传统的教学技能不但不能抛弃，而且，还应使这些技能在新的教学理念浸润下，更加鲜活、生动。有些教师说得好，只让学生畅抒己见而没有教师精当的讲授和适时的点拨，不可能把学生的思维引向深处；只让学生体验和探究而没有教师缜慧的开启和方法的引导，很难培养出具有创新精神的人才；只让学生阅读感悟而没有教师缜密的思维和亮丽的思想，学生的心灵世界很难出现明媚的春光。因而，加强生物教师教学技能的训练仍然是非常重要的。

生物学教师的课堂教学技能是生物学教师教学技能的基本组成部分，也是通常所说的教学技能。尽管教学技能是一个很难统一界定的概念，但是，通常认为课堂教学技能主要是指教师在课堂上利用教学理论和教学经验进行某一学科教学的能力基础，是教师为完成特定的教学目标而进行的意识性行动。因为世界各国的教育学家分类的角度和分类的依据各不相同，课堂教学技能的分类体系并不确定。例如，美国斯坦福大学的教育学家把教学技能分成"变化刺激的技能""导入的技能""总结的技能""非语言性启发的技能""强调学生参与的技能""频繁地提问的技能""探索性提问的技能""高水平提问的技能""分散提问的技能""确认的技能""例证和实例的技能""运用教材的技能""反复的事前计划的技能""交流完整性的技能"等14种教学技能。国内也有许多生物课程与教学论学者对此做了许多调查和研究。综合国内外课程与教学论学者的研究成果，中学生物学课堂教学技能可以分为"导入的技能""语言表达的技能""提问的技能""演示的技能""板书的技能""反馈和强化的技能"等6种主要的基本教学技能。

（一）课堂教学语言技能

课堂教学技能是教师圆满完成教学任务的行为方式。可以肯定，一个没有熟练教学技能的教师难以有效地组织学生进行主动的学习。而在各种教学技能中，课堂教学语言技能是最基本的技能。教学语言是指教师在课堂上激发兴趣、传授知识、复习巩固等教学全过程中所运用的语言。

课堂教学的目标多种多样，教学手段不断创新，但是，教师"传道、授业、解惑"的主要方式仍然是"言传身教"，无论是完成知识目标还是能力目标，无论是思想教育还是审美教育，教学语言总是主要的信息载体。较好地掌握课堂教学语言技能就能使教学目标实现"事半功倍"。苏霍姆林斯基认为："教师高度的语言修养在很大程度上决定着学生在课堂上的脑力劳动的效率。"有些教育学家认为，教师的课堂教学语言应该融播音员的清晰、相声大师的幽默、评书演员的流利、故事大王的激情于一体。当然，这是课堂教学语言的理想境界，不可能要求每一个教师都达到，但这肯定是每一位热爱教育事业的教师终生所追求的。尽管随着科技进步，科技媒体语言愈来愈显重要，但是课堂教学有声语言具有的情感特质仍然是无法替代的。

一般来说，课堂教学语言应该具有普通语言和教学语言的双重要求。课堂教学语言和其他语言有很多共性。例如，普通语言的语音、吐字、声调要求对教学语言同样有效，还具很多自身的特色，即不仅要求科学性，还要求学科性；不仅要求明确性，还要求启发性；不仅要求语言本身的教育性，还要求言行的一致性等。

1. 教学导入语言的基本要求

众多教师的教学经验表明，由于学生学习的内容不可能总是学生正好想学的内容，学生也很难认识到当前学习的意义，因而，缺乏学习动机是学生学习的主要障碍。如果能在教学之始引起学生的学习兴趣和求知欲望，就能顺利完成教学任务。优秀的教师常常会利用恰当的引导语言集中学生的注意，由注意生兴趣，由兴趣生动机，从而创造良好的教学开端。教学导入语言不仅表现在每节课的开头，也应用于一节课各段教学的起始。

有的教师把教学导言比作"春色满园"中的一枝红杏，对一节课起着点睛显旨的作用；有的教师把教学导言比作一支乐曲的前奏，为整个乐章定下"基调"。如果把教学比作乐曲演奏，那么教学导言就是演奏的第一个音符，这个音符应该是悦耳动听和先声夺人的。例如，有位教师在上"有性生殖"一节内容时，这样导言："日月经天，江河行地，春风夏雨，秋霜冬雪。多姿态多彩的大自然，锻炼了人们发现美的眼力，陶冶了人们爱美的心灵。色彩斑斓的生物界里，有美的景物、美的情感、美的语言，更有不断延续的生命个体，通过生殖与发育、遗传与变异，使种族得以繁衍生息，使地球上的生物焕发出勃勃生机。本节课我们就来研究与生物种族延续有关的知识——生物的有性生殖。"这样的导言很有美感。教学导入语言的基本方式主要有四种：

（1）"开门见山"式。

教师通过简洁的语言直截了当地引入讲授的导入语言的方式称为"开门见山"式。这种"三言两语"的导言虽然简单，有时也能起到迅速集中学生注意力的作用。

采用"开门见山"式教学导入语言的是由教学任务的特殊性决定的。一节课的45分钟时间很宝贵，能否简明扼要地运用语言表情达意关系到教师能否按时完成教学任务。

例如，因为学生在初中已经学习过"神经系统和内分泌系统"的相关知识，在高中阶段学习"神经调节"的内容时，教师只需要简单地说："同学们，我们初中时已经学过有关神经调节的基本知识，今天我们要进一步学习'神经调节的结构基础'。"再如，学生在必修 1 刚刚学过"细胞的有丝分裂"的内容，在学习必修 2 "减数分裂"的内容时，有的教师在上课时仅简单地引入说："我们已经学过细胞有丝分裂的知识了，今天将要开始学习细胞的另一种分裂方式——减数分裂。"

（2）"承前启后"式。

通过复习旧课题引出新课题的教学语言导入方式称为"承前启后"式。教学活动的特殊性的表现之一在循序渐进性，这要求教学活动应该持续、连贯地进行。《学记》就提出"未得于前，则不敢求其后；未通乎此，则不敢志乎彼"，其理千真万确。

例如，有的教师在进行"酶"一节教学时，说："通过上一节课的学习，我们了解到生物体的各种生命活动都需要消耗 ATP。而科学研究发现，生物体的各种生命活动之所以能迅速而有规律地进行，还和酶有关。那么，酶是什么呢？请大家阅读下面的三段材料，归纳出酶的来源、作用和化学本质。"

有经验的教师在上课前的复习巩固阶段并不仅仅是简单地提 1～2 个问题复习上一节课的教学内容，他们常常挑选那些与新内容有密切关系的内容，这样就能使复习巩固起到搭桥铺路、温故知新的作用。例如，在讲授"遗传规律"内容之前，有经验的教师通常先复习减数分裂的知识，因为减数分裂的知识是理解遗传规律的必要基础。在讲授高中"动物生命活动调节"的知识之前，甚至要复习初中生物学中的有关知识。

（3）"以问致思"式。

通过提出问题导入新课题的语言方式称为"以问致思"式。"学起于思，思源于疑"，思维一般都从问题开始。由于这类导言常常可以联系生活和生产实际问题，通过巧布疑阵，揭示矛盾，使学生的思维波澜起伏、回旋跌宕，产生探索问题、解决问题的欲望，具有较好的教学效果，教师用得较多。

例如，有的教师在讲授生物进化内容中的"生存斗争"内容时设计的导言是："春天来临之时，我们喜欢到崇山峻岭之中去踏青，我们看到的是满山春色、鸟语花香、一片生机盎然的景象。但是，你们有没有想到，在这百花盛开的密林里却存在着残酷的斗争呢？"

又如，有的教师在上"细胞有丝分裂"一节课时，提出问题"生物一般都是通过什么方式繁殖的呢？多细胞生物由小长到大的原因是什么？一个成年人大约由多少个细胞构成？每个人都是由一个受精卵发育来的，那么，这个受精卵细胞怎样才能形成这么多个细胞呢？"这样，教师从学生看似较为熟悉的问题开始，激发学生的学习兴趣和思维活动，逐步引入新的课题。

总而言之，授课伊始即创设疑境，就如好戏开头，鼓乐齐鸣，能够先声夺人，使学生尽快"入戏"，打开思维之闸，成为学习的积极参与者。

（4）"高度概括"式。

教师通过将教学内容高度概括让学生明了本节课所学知识的要点及重要意义的语

言导入方式称为"高度概括"式。这类导言具有突出重点和强调意义的优点，使学生从一开始就明确学习目的，思维迅速定向，进而较为主动地参与学习活动。

例如，一位教师在讲授"细胞全能性"一节课时的导言是："大家一定听说过白血病，白血病是造血组织的一种恶性疾病，又称'血癌'。血癌患者的血液中出现大量的异常白细胞，而正常的血细胞明显减少。目前通过骨髓移植可以有效地治疗白血病。通过今天的课你们就可以知道其中的道理。"

导言的种类虽然很多，内容也不是千篇一律，但是好的导言都应该具有启发性、传情性和趣味性，都能够叩击学生的心弦、震荡学生的思维。导言不在长短，而要有的放矢、言简意赅，达到学生静导言止、学生思导言止的效果。这也是"孔子与人言，必待其人心愤愤、口悱悱"之说的道理。

问题探讨

除了课堂教学语言导入方式外，还有什么导入方式？

可以通过课堂教学实验导入新课。生物学是一门以实验为基础的学科，运用实验引入新课，不仅能帮助学生认识抽象的知识，而且能激发学生的思维活动，使他们自觉地分析问题、探索规律。通过演示实验导入新课不但能增强生物学的直观性和趣味性，而且为新课的学习构建起良好的情境。例如，一位教师在学习"酶"的知识前，首先演示了过氧化氢酶催化过氧化氢水溶液产生氧气的实验。当学生观察到无数的小气泡冒出的时候，求知欲油然而生，这为下面"酶"的学习奠定了基础。

还可以通过课堂教学媒体导入新课。多媒体技术在课堂教学中的应用是现代科技与现代教学理论相结合的成功范例。借助播放录像或 VCD、DVD 片断、动画或互动课件等多媒体手段，引入新课是学生最感兴趣的教学手段之一。多媒体集形、声于一体，容易使学生有身临其境的感觉，增强学生的感官刺激，优化教学效果。例如，在学习"生态位"的知识时，一位教师在上课前先让学生观看一段有关不同雀类在云杉树林中占据不同的生态位的录像片段，极大地调动起学生的学习兴趣，也为进一步学习奠定了感性基础。

还可利用教材中的插图作为媒体直接引入新课。新编高中生物教材几乎每节内容都配有彩色插图，通过对插图的描述、问答和教师言简意赅、提纲挈领的导言逐步引入教授的话题，容易引起学生的兴趣，活跃课堂气氛，激发学生的求知欲，为后续教学铺平道路。例如，一位教师利用教材中"动物激素应用举例"四幅插图，导入"动物激素在生产中的应用"一节课的教学。

一旦学生学习的自觉性被调动起来，就要抓住这个教学过程的"黄金时刻"，形成教学高潮，完成教学任务。

2. 教学讲授的语言要求

事实证明，教学的成败不仅和教师的专业水平及教学经验有一定关系，也和语言技能有相当的关系。教学语言的基本要求是科学性、启发性、逻辑性和教学性。

（1）科学性。

生物学教学语言的科学性具体地体现在正确地使用生物学术语，确切地表达生物学事物的现象和本质上。

生物学术语是用来表示物质及其变化、生物学概念等的专门名词和科学语言，如细胞、细胞器、光合作用、蒸腾作用、减数分裂、克隆、半保留复制等。这些词语在一般生活用语中不太多见，一旦运用，则常常含有特定的生物学含义或由此引申而来的社会学意义。在生物学教学中，这些专门术语的正确讲授对于学生学习生物学知识和生物学思维能力的发展具有十分重要的作用。因此，在生物学教学中要求教师教学语言满足科学性是教学语言的最基本要求，确切运用生物学术语才能保证教学内容的科学性。

例如，有的教师对"物种"和"类群"不加区别，对"扩散"和"渗透"不加区别，对"群落"和"生态系统"不加区别等，这样学生就会产生错误的认识，思维被混淆。教学语言的科学性还要求注意叙述生物学知识的准确性。例如，有的教师不能很准确地表述"兴奋在神经元之间的传导过程主要通过突触小泡内的神经递质来完成""DNA是主要的遗传物质""大多数的酶都是蛋白质"等。如果忽略了其中的"主要""大多数"等词汇，将会产生科学性问题，因为有些兴奋在神经元之间的传导是通过电传导的，有些酶可能不是蛋白质等。当然，应该确切表述的知识绝不能表述得模棱两可、含混不清，例如，"DNA分子中只含有4种脱氧核苷酸""翻译是在细胞质中进行的"等。

由于高中学生年龄仍然较小，教师在教学过程中常常采用直观、形象、生动甚至通俗的语言来引起学生的兴趣，但是，其前提必须是科学的。例如，有些教师总是不注意地说"食草性动物具有很长的盲肠是为了更好地消化食物""鸟类一侧的卵巢退化是为了减轻体重，有利于飞行""两栖动物的皮肤裸露是为了辅助呼吸"等，这就犯了"目的论"的错误。这些生物的适应特性其实是一个物种的长期进化的结果。

在讲授时如采用不恰当的拟人或比喻的方法时，也容易犯科学性错误。例如，有的教师把降低酶促反应的活化能比喻成一辆汽车由爬山变成走隧道，但实际上没有真正表达清楚其中包含的本质性特征。

观摩反思

利用生物学史的材料进行探究，是生物学教学中常用的一种方法。谢老师根据课程标准中相关内容的要求，对科学史的材料进行适当的选择和组织。在教学中，谢老师着重引导学生深入思考科学家的工作过程，领悟科学家是如何发现问题、寻找证据、合理推理的，体验科学家不断深化对问题认识的过程和科学探索的精神。在本案例中，教师利用信息技术媒体，通过揭示生长素发现的过程，引导学生沿着科学的逻辑思维路线，从提供的材料中去主动发现问题，分析、推测、探究问题，最终得到符合逻辑的结论。这不仅有助于学生理解植物激素的概念，而且还有助于培养学生提出问题、运用科学方法解决问题的能力以及体验科学认识是一个不断深化的过程。

（2）启发性。

《学记》中提到："道而弗牵，强而弗抑，开而弗达。道而弗牵则和，强而弗抑则易，开而弗达则思。"孟子说："引而不发，跃如也。"意思是说，引导学生而不是牵着学生的鼻子走，勉励学生而不是强迫学生前进，启发学生而不是代替学生思考或得出结论，这样才能使学生好学、易学和善思。教师要善于以同类事物相比，使之举一反三，触类旁通。教人射箭，只是张着弓，做出要射的样子，却并不把箭射出去，到了适当的程度，学生自然而然就会跟着射起来。可见在教学过程中，自古以来就重视研究教和学这两个最活跃的因素。

苏霍姆林斯基也指出："在学生的脑力劳动中，摆在第一位的并不是背书，不是记住别人的思想，而是让学生本人进行思考……""教"是教学过程中的外因，"学"是教学过程中的内因，外因只有通过内因才能起作用。富有启发性的教学才能紧紧抓住学生的思维，使学生由"存疑"到"思疑"到"解疑"，不仅传授了知识，也培养了能力。

例如，有的教师在讲授"种间竞争"的内容时，并没有按照教材上的概念表述"两种或两种以上生物相互争夺资源和空间等"进行讲授，而是围绕"争夺"这一关键词汇，让学生理解争夺的本质是"在一定地域内"争夺"有限"的、"相同"的资源。学生们经过积极思维和热烈探讨，最终得出种间竞争的概念应该体现"两种或两种以上""同一地域""相同而有限的资源"等关键词上。这种通过教师启发引导，让学生自己得出结论的方法比教师平铺直叙、直截了当地告诉学生全部知识要好得多。

再如，有的教师在讲授"生态学"的有关内容时先从一篇语文课文《猎户》引入，通过对比"60年代一位猎户打死一头金钱豹后不仅获得英雄称号，还获得一支钢枪奖励，而现在打死一头金钱豹却要被判刑"的问题作为导言，引入相关内容。这样的导言非常引人入胜，也非常具有启发性。

问题探讨

提供资料导入新课的方法是否可行？

在高中课程改革中，许多教师采用提供丰富资料的方法导入新课，启发学生积极思维和主动参与。例如，一位教师在上有关艾滋病的内容时，准备了下列资料。

资料：国家计生委公布的调查结果显示，我国70％以上的人对艾滋病没有防范意识。调查发现，有71.8％的人知道艾滋病会传染，但大多数人并不完全清楚艾滋病的主要传播途径，多数被调查者根本不担心自己会感染艾滋病，少部分人认为自己根本没有必要了解艾滋病知识。

在了解这些资料之后，教师再让学生针对"这一资料说明了什么问题"开展讨论，并让学生在讨论的基础上认识到，目前人们对艾滋病蔓延的严峻形势以及带来的严重后果还缺乏足够的认识。由此不仅很有启发性地引出了"艾滋病的传播途径"的教学课题，同时也培养了学生分析数据和处理数据的能力。

（3）逻辑性。

生物教学中的逻辑性主要是指讲授知识应该从学生的知识基础和理解水平出发，讲授难度适中，注意知识的内在联系，必要时提供一定的辅佐材料，讲授言简意赅。

其中知识的内在联系特别重要。俄国教育家乌申斯基早就强调："塞满了零碎的、无联系的知识的头脑，就像里面一切都摆得毫无次序的一个仓库，在这里连主人自己也什么东西都找不到。"有的教师备课不注意知识的内在逻辑关系，把许多原本有关联的知识割裂开来，凌乱地向学生讲解，增加了学生的学习负担。学生的知识结构是从教师讲授的知识结构转变而来的，要让学生建立良好的知识结构，教师讲授的内容也应该具有最佳的逻辑结构。教师应该根据学生认识新事物的自然顺序和知识本身的逻辑关系，把知识系统地呈现给学生。例如，在讲授"基因的分离定律"内容时，有的教师就事论事，学生也就死记硬背。由于这部分知识还比较容易，学生多花点时间也可以对付过去，但是，以后学到"基因的自由组合定律"和"伴性遗传"时，困难就会增加。有的教师则先从细胞的减数分裂复习开始，讲授每一遗传定律时都把规律的实质是减数分裂中染色体行为的结果这一内在逻辑关系交代清楚，学生的学习成为理解基础上的知识重组和延伸活动，这样做既减轻了学习负担，又提高了知识质量。

（4）教学性。

讲授语言的教学性主要表现在语言的教育性和教学语言的特殊外部形态方面。讲授语言的教育性主要体现在语言的思想性方面。课堂教学的过程就是师生感情交流的过程，教学语言的思想性不是强加在语言的表面上，而应该是真情流露。白居易说："感人心者，莫先乎情、莫始乎言、莫切乎声、莫深乎义。"富有教学经验的教师都非常重视教学语言的感情交流性，使教学语言"言为心声、声情并茂"，体现出教师爱的精神力量和个人魅力。当然，教师自身思想素质的提高是教学语言思想性的基础。

有的教师还认为，讲授就是要实现一门学科的语言被学生理解和接受。要达到这一目标，教师需要把学科语言进行恰当的转化，这种转化要经过许多中间环节和发生某些语言性质的变化。好的讲授，只有使科学知识心理学化、教育学化、普遍化，才会被容易而迅速地理解和接受。因此，讲授语言的教学化也包括讲授时将书本语言口语化，将专业语言普通化等方面。没有这些转变，教师就不能称之为教师，而是播音员，教室就不能称之为课堂，而是会场。口语化的、普通化的讲解语言，在课堂上能够发挥辅助理解、活跃教学气氛、沟通教与学的关系、激励教学过程的作用。

教学语言的特殊外部形态主要表现在讲课的声音技巧上。首先，教学语言应该是普通话。其次，讲课和平时的交谈不同，要求音量达到全班学生都能听见的程度。同时，音调、频率应该有变化。音调太高刺耳，音调、频率平板无变化，容易使学生昏昏欲睡；频率太快，学生的思维跟不上教师；频率太慢，又使学生思维抑制、思想涣散。其三，教师应该吐字清楚，讲话囫囵吞枣、有字头无字尾、有字尾无字头等现象应予以克服。

有经验的教师认为，要像演员一样练练绕口令，锻炼唇、齿、舌的活动功能，久而久之就可以达到"字正腔圆"的地步。有的教师认为，圆润动听的声音是胸腔、口腔、头腔、鼻腔共同调节发出的。如果偏重用胸腔，声音低沉；偏重用头腔，声音漂浮；偏重用鼻腔，声音晦涩；而如果只用口腔，声音干燥。当我们大声说话时，应该胸部放松端正，口腔张圆，使声音达到口腔上部的中间，鼻孔微微张开，感觉声音集中在一个点上。这样发出的声音才动听、响亮。

3. 课堂小结的语言要求

课堂小结是高中课堂教学必不可少的重要环节，和导言不仅发生在一节课的开始也发生在每个教学环节的开始一样，课堂小结不仅发生在一节课的结束，也发生在每一个教学环节的结束。生物学教师在课堂小结时常常比较重视学生的知识巩固，重视对学生的反复训练，而忽视了帮助或指导学生通过小结把书本"读薄"，提炼出精华，这正是很多生物课"虎头蛇尾"的主要原因。有经验的教师在课堂小结阶段能够做到"首尾呼应""画龙点睛""相对完整"和"回味无穷"的基本要求。

"首尾呼应"是指小结应该紧扣教学内容，和教学开讲遥相呼应，不能离题太远。有位教师在讲授"体温调节"一节课的开头时，提出了"在 SARS 疾病流行期间，火车站或飞机场等地方会有专人在检测旅客的体温"这一联系社会生活的问题，又说"通过这一节课的学习，我们可以解决这一问题"。但是，直到这节课结束也没有涉及该问题，其实这不是这节课重点要解决的问题之一。教师只是为了安排一段"导言"而故意提出听起来很新颖而其实和教学内容并没有多大关系的问题。如果多次这样处理，学生就会感到"受骗上当"，不再相信教师的"引导"。所以，教学小节应尽可能地和教学开始的"问题"相呼应。

"画龙点睛"是指课堂小结不管发生在什么环节，也不管课堂小结采用什么方法和手段，课堂小结的语言必须分清主次、抓住关键、突出重点、言简意赅，把教学内容的精髓鲜明地体现出来。当然，课堂教学的"画龙点睛"不一定都由教师来做，也可让学生来总结，但是都必须围绕重点问题展开。例如，"减数分裂"一节课后，教师或学生应该总结诸如减数分裂分几个时期、每个时期发生了什么样的变化、什么时期染色体数目减半等要点。

"相对完整"是指在教学过程告一段落后，通过小结使有关的教学内容系统连贯和相对完整。学生对于相对完整的知识容易理解，也就容易掌握。教师要切忌经常讲得不完整，不加小结匆匆下课。

"回味无穷"是指课堂教学小结的语言应该发人深省，使学生感到"言已尽而意无穷"，跨越课堂教学和课后休闲的时空界限，课后学生还会自觉"回味咀嚼"，获得更多教益。此外，课堂小结还应重视拓展学生的思维，把学生引入"别有洞天"之境，激发学生进一步学习的兴趣。例如，有位教师在讲完"植物生长素"一节内容后，除了总结植物生长素的发现、生长素的特性的内容外，还布置思考"如何设计一个实验，使一株水平放置的幼苗，根和茎仍然能够水平生长"的问题。这些值得"回味咀嚼"的问题对学生创造性思维能力的培养具有明显的促进作用。

（二）课堂教学提问的技能

提问是教学过程中教师和学生之间常用的相互交流的最重要和最复杂的教学技能之一。良好的课堂提问具有多种作用：它能引起学生的学习兴趣，调动学生的学习积极性；能激发学生积极思维，开拓学生的思路，培养学生分析问题和解决问题的能力；能引导学生将注意力集中于主要内容和主要方面；能使学生学会构思和表达自己的观点；能加强师生之间的思想沟通，增进学生间民主合作的学习气氛；还能使教师了解学生掌握知识的基本情况，发现教学中存在的问题，便于改进教学。

美国的一些教育学家认为，"提问得好即教得好"，实在是有很深的含义的。教学成功与否的重要因素是课堂教学中教师和学生、学生和学生之间的交流是否成功，即这种交流是教学的本质，而提问正是构成课堂教学中语言交流的必要组成部分，因此，可以说教师教学的效果在很大程度上取决于提问的效果。

1．课堂教学提问设计的基本要求

由于提问运用于生物学课堂教学的整个过程，它是联系师生思维活动的重要纽带和开启学生智慧之门的钥匙，因而要使提问真正发挥作用，应该重视提问的设计。

（1）设计的问题要言简意赅。

生物学课堂教学提问的表述应该科学和简明，这样可以使学生的思维活动迅速定向。新教师和实习教师常常会提出一些复杂的、含糊不清或语句很长的问题，这些问题容易使学生误解。

例如，一位教师让学生带着"癌细胞有什么特征"的问题，仔细观察和分析下图并回答问题。

正常细胞　　　　　　　　　　癌变细胞

学生看得很仔细，但发现所有正常细胞和每个癌细胞在形态结构上几乎都是一样的。由于提问设计得含糊不清，教师的问题很难使学生把问题集中到"不因相互接触而停止增殖"的回答上，没有达到预期的提问效果。

如果教师能够把图片形式改成动画形式，让学生观察到正常细胞分裂到相互接触而停止生长，而癌变细胞分裂到相互接触仍然不断分裂，然后设问："通过上述动画，你能说出癌细胞有什么特征吗？"效果就会明显不同。

（2）设计的问题要富有启发性。

提问的实质就是设置疑点、制造矛盾、激发思维的启发过程。朱熹说"大疑则大进"，问题设计得好，就能使学生"起疑"，"起大疑"，通过启发思维得到较大进步。

设计启发性强的问题，首先，应考虑问题的难度要适度。只有当问题的要求略高于学生的实际水平时，学生才会感到问题的答案"若隐若现""若即若离"，答案的"似是而非"更能激发学生深入思考。如果问题过浅，课堂气氛可能十分活跃，但是，这种表面的活跃并没有深思熟虑的基础；如果问题过深，学生看问题的答案好比看黑幕后的名画，既然不知从何下手，那就懒得思考，无助于思维能力的发展。其次，问题应尽可能联系学生的生活实际和从自然现象着手，这样学生就会产生强烈的解决问题的愿望。第三，要总结教学经验，从学生理解的困难之处、容易混淆之处提出问题，有经验的教师长期积累学生容易出错的问题，用这些问题激起学生的思维波涛。例如，有的教师在讲授"避免近亲婚配以防止遗传病发生"的内容时，针对学生对于"血亲"的概念理解困难的情况，特意提出"血亲"和"亲属"二者的差别问题。学生理解了"亲属"的概念，也就容易理解"血亲"的概念。

问题探讨

提什么样的问题才能既富有启发性又有可接受性？

谢老师在得出单侧光能引起胚芽鞘两侧生长不均衡的结论后，又提出了一个问题："我们知道有单侧光照射，植物就会向着光的方向生长。那么，植物的向光性生长与植物体的哪个部位有关？"

"既然是胚芽鞘的上端发生弯曲，那么这种弯曲就可能与它的尖端有关。"有学生很快就作出了假设。

"很好！"谢老师进一步追问："怎样才能证明这种猜想？"

这样的问题为什么是一个既富有启发性又有可接受性的问题？原因是它不仅有思考性，同时也是学生努力以后能够接受和回答的。因此，学生的反应非常积极。他们纷纷提出自己的设想：有的提出切去胚芽鞘的尖端，观察其生长情况；有的提出是否可以用遮光的办法，分别遮住胚芽鞘的不同部分，再比较各自的生长情况。

提出的问题是否具有启发性与问题的思考性以及学生的接受性密切相关。例如，有的教师在讲授有关溶酶体的结构与功能的知识以后，提出"溶酶体中的酶能够分解掉进入溶酶体的细菌等，为什么不会把自己的膜分解掉呢"的问题。这一问题的思考性非常好，但是，该问题的答案（溶酶体膜内侧的富含糖链）是高中学生无法理解的，因而不具有可接受性。

课堂教学提问的设计能否做到启发性强，不仅是设计技巧的问题，还和教学指导思想有关。美国的一些教育理论家做过的调查表明，在190位小学教师中，86％的教师认为提问的目的在于"通过检查学生的学习来检查教学效果"，54％的教师认为提问的目的是"诊断"，47％的教师认为提问的目的是"检查学生对特定事实的回忆"，只有10％的教师认为提问的目的在于"要求学生运用事实进行归纳和作出推断"。显然，大部分教师认为课堂教学提问的主要目的不是激发学生进行较高水平的思维。在这种认识的前提下，课堂教学提问的启发性就很难达到。

（3）设计的问题要有针对性。

设计课堂提问应该紧紧围绕教学内容，特别是重点和难点内容，抓住了教学的重点和难点就等于抓住了那些牵一发而动全身的知识"关节点"。课堂教学提问的针对性还体现在整节课提的问题应该有"整体观念"，此一"问"和彼一"问"应该有不可分割的关系。如果毫无针对性地提几个问题，为问而问，不仅无助于学生思维能力的培养，甚至连传授系统知识的教学目的也难以达到。

观摩反思

在谢老师的教学过程中，他向学生提出"鲍森·詹森所做的实验存在一定的缺陷，你们认为在哪里"的问题之后，一些学生抢着回答"他的对照实验存在问题"，有些学生又补充说"最好在尖端和下部间放上一块不透水的塑料薄片"。

"很好！"谢老师在肯定学生后又呈现了匈牙利科学家拜耳在1914年所做的更为深入的研究。

之后，谢老师提出："拜耳为什么要将切下的尖端放在胚芽鞘的一侧？这个实验说明了什么？"

在学生达成共识之后，谢老师又问："那么，单侧光所起的作用又是什么？"

这样的几个有针对性的问题步步深入、不可分割，有利于学生思维能力的培养。

（4）设计的问题要具有层次性。

在生物学教学中，教学内容的多样性和教学目标的多层次性决定了提问类型的多样性。英国著名的微格教学专家布朗把课堂教学提问分为八类：依从提问、反问、回忆提问、理解提问、运用提问、分析提问、综合提问、评价提问。如果简化归纳，可以把提问分为基础性提问、运用性提问和开拓性提问三类。

基础性提问包括回忆、理解生物学基础知识的问题，例如，"反射弧由哪几部分所组成"，"兴奋在神经元之间的传递过程主要是通过什么物质完成的"等。

运用性提问主要是指使学生运用学过的知识和技能解决新问题以及通过分析或综合的方法区分和判断事物之间的关系，根据事实推导结论等。例如，"为什么说人体肠道中的某些细菌与人的关系是互利共生，而有些人体肠道中的细菌与人的关系是寄生"，"如果人类有朝一日消灭了所有的微生物，我们生活的地球将会变成什么样"等。

开拓性提问一般没有唯一的答案，也就是常说的开放性问题。例如，"一旦'克隆人'成为现实，危害将会表现在哪些方面"，"在一座城市里拆除一个绿树成荫的公园去建造一个超级市场，你是赞成还是反对"等。

2. 课堂教学提问的基本要求

（1）提出问题时应该表述清楚。

教师在提出问题时，应该注意声音的音质、音调和音速的变化，突出问题的关键所在，使学生能够迅速理解题意，明确问题的要求，积极参与思考。例如，提"生物的种间关系可以分为哪些类型"这一问题时，对"种间关系""哪些类型"两个词组应略微重读和慢读。采用多媒体进行教学时，可以通过幻灯片展示问题，并将其中重要的字词句着重表现出来（使它们闪烁几下或字体加粗等），让学生明确问题的关键所在。

（2）提出问题后应稍微停顿。

有经验的教师在提出问题后常常稍微停顿并环视全班每一个学生，这样可以使每个学生都感到"老师在看我，可能要提问我"，进而进行积极思考。美国的一位教育家经过精心研究，发现当提问后停顿时间超过3秒钟后，学生参与回答的人数增加，后进生参与回答的人数增加，联系自己观点的回答增加，回答正确率增加，学生质疑的人数也增加。没有经验的新教师常常"先提后问"，即先把一个学生叫起来，再提出问题。这种"先提后问"的做法，不仅会使被提问的学生紧张，没有思考问题的时间，也使其他学生"事不关己，高高挂起"，不利于促进全班学生积极参与。

（3）指定回答后应适当引导。

提问并指定一个学生回答后，教师的态度应该安详而自然，对被提问的学生表现出充分的信任。学生回答问题时，教师要注意倾听，并尽量伴有点头、微笑、皱眉等表情。当学生回答得不够理想时，教师切忌表现出不耐烦或想要打断回答的表情，而应该运用教学机智，消除学生的恐惧心理和紧张情绪，同时进行适当的引导。引导的目的是拨正、拓宽或深化学生的思路，使学生的思维和回答聚焦到问题的实质。有时甚至要"对症下药"，例如，如果学生对相关的旧知识遗忘太多，可以适当提示；如果学生不能灵活运用已学知识，可以对知识的内涵和外延略加深化和拓展等。例如，当教师提出"为什么说一片热带雨林中的所有动物、植物和微生物组成的是群落而不是生态系统"的问题时，如果被提问学生不能回答，教师可适当提示回顾"群落"和"生态系统"的概念分别是什么，这样学生就会很快意识到二者的差别是生态系统除了包括生物外也包括非生物环境，学生也能很快意识到一片热带雨林中的所有动物、植物和微生物组成的只能是一个群落而不是一个生态系统了。学生正确回答以后，教师应及时肯定和鼓励。学生回答不正确，教师也应及时反馈，尽量正面提出自己的观点，切忌讽刺、挖苦或嘲笑。宽松、鼓励、信任的氛围是学生积极参与教学活动的必要环境。

生物学教师在提问后听取学生回答问题时，还应该示意学生高声回答问题，让全班其他学生都能听得见，避免只有教师听得见、学生多数听不见的情况发生。有些教师常常会犯这样的错误，他们因为学生回答问题的声音太小而走近回答问题的学生，学生回答的声音就会更小，其他学生也就更听不清楚。这就失去了提问的激发全班学生积极思维的作用。

在生物学教师课堂提问的过程中，学生也会在积极思维的情境中向教师大胆质疑，这是课堂教学达到开放性、多向性信息交流的重要标志，也是教师精心启发的必然结果。宽松和信任的氛围鼓励学生向教师发问质疑，而这就是学生养成自动探求知识的习惯和慎思明辨的态度的必然结果。学生提出的问题，有时比较简单，教师不难当堂予以解决，但对于一些学生"突发奇想"的问题，教师可能难置可否。这时教师应做判断，如果学生提出的问题比较简单而又没有多大讨论价值时，教师可以用简单明了的语言迅速回答；如果学生提出的问题比较复杂而又比较重要时，教师可以不急于作出直接的回答，而让学生展开讨论，发展学生的论辩思维能力，促进问题的圆满解决。当学生提出的问题教师一时难以解决时，可作"弹性"处理。例如，教师可以说："这个问题问得好，大家不妨课后探讨一下，下节课我们再一起探讨。"这样既能鼓励学生及时大胆地质疑，又可避免回答不准确的尴尬。对学生提出的一时无法回答的问题，教师不应采用压制的态度，否则可能挫伤学生的参与积极性，对学生积极思维习惯的培养有害无益。例如，有的学生在学习了人的遗传性状的内容后，会举出各种各样的性状的问题，如为什么他的一只眼是单眼皮而另一只眼是双眼皮等，一些生物教师很难回答出来。原因是这些现实问题非常复杂，教师在教科书上很难找到答案。所以高中生物学教师要更多地关注社会和生活，还要不断地进修提高。

（三）课堂教学演示技能

课堂教学的演示是指教师利用各种教具学具（包括实物、模型或示范实验等），使学生获得有关知识的感性认识的教学方法。虽然抽象思维是全面认识生物科学的重要方式，但是，生物学教学的众多基本原理建筑在宏观世界和微观世界的基础上，因此，课堂教学演示对生物学课程的教具学具有特别的意义。

在生物学课堂教学演示过程中，教师是直观信息的传递者，学生是直观信息的接收者，教具学具等是直观信息的"载体"。可以说，直观信息传递的效果在很大程度上取决于直观信息的选择及组合、直观信息的输入方法和技能、直观教具学具的制作技能等。

1. 课堂教学的教具学具的选择及组合的基本要求

各种教具学具对生物学教学过程中兴趣的激发、知识的讲授、重点的突出、难点的突破、知识的复习巩固、技能的训练、能力的培养等都具有不同的作用，有时甚至具有不可替代的作用。同时，教学实践和研究表明，教具学具不是越多越好。因此，在生物学教学中，能否恰当选择和组合教具学具也关系到教学效果的提高。在选择和组合教具学具时可以考虑以下方面的问题：

（1）教具学具的科学性。

直接运用生物体进行生物课堂教学，对生物学教学质量的提高具有明显的意义。但是，由于季节、地域的差异，生物体本身的大或小，性格的温顺或凶残，活生物饲养或栽培的困难等原因，在实际的教学过程中常常要用大量的教具学具，如挂图、模型、投影或幻灯等。这些教具学具虽然经过一些专家的审查，但是有时仍然会有一定的不足之处。因此，教具学具的科学性仍然应该予以重视，在选择教具学具时要放弃可能带来负面影响的工具。例如，有的教师在制作"生物圈中的碳循环"投影片时，显示了植物光合作用吸收大气中二氧化碳的箭头，而在显示呼吸作用时仅仅用箭头显示了动物的呼吸作用产生二氧化碳，忽视了用箭头显示植物的呼吸作用也产生二氧化碳，这样的教具学具显然是错误的。

教具学具一般不会和生物体的大小完全一样，但是，教具学具各个部分之间的大小比例应该符合实际。例如，人体胸腹部内的脏器教具不仅形状应该像真实的脏器，大小比例也应该与真实的脏器基本一致；教具学具的颜色一般也不会和生物体的真实颜色完全一样，但是，在可能的情况下，应尽量选择颜色接近真实的教具学具。例如，叶绿体一般应该是绿色的，心脏应该是红色的等。当然，在自制投影片时，不能因为追求色彩鲜艳而随便"涂色"。这些也是选择教具学具时应该考虑的科学性问题。

（2）教具学具的必要性。

一些教育学家认为："直观性的主要目的是帮助发现事物的主要方面和主要特征。"另一些教育学家认为："越难掌握的教材，就越要求在教学中采用直观的原则。""片面地热衷于采用直观材料，并且只是为了丰富具体的表象和引起学生的兴趣而采用，这样做不仅毫无益处，而且是有害的。"这些论述都说明在选择教具学具时应该考虑其必要性，即应该围绕教学重点和难点内容来选择相关的教具学具，在高中阶段较多地考虑趣味性是不足取的。

当准备教学时，可供选择的教具学具可能很多。一般都是根据教学内容的重点和难点来选择必要的教具。例如，讲授"神经元之间兴奋传导"的内容，就可能采用逐步显示"神经元之间兴奋传导"的纸板模型或挂图，也可能采用"神经元之间兴奋传导"的视频或动画，也可能采用板画的方式边讲边画。又如，生物学教材的重点内容放在"突触"部分，在教学时就应选取"突触"部位特别放大的纸板模型或视频等，这样有利于教学难点的突破和教学重点的落实。

观摩反思

　　谢老师在实施"生长素的发现"的课堂教学中，连续向学生呈现了8幅图片，即胚芽鞘直立生长、胚芽鞘弯向光源生长、锡箔小帽罩住尖端而生长不弯曲、遮住尖端下面一段而弯曲生长等图片，重视了演示教具的重要性。这些图片非常有助于学生直观地了解达尔文、詹森、拜耳、温特、郭葛等几位科学家的实验示意图。

　　例如，谢老师设计的温特实验的示意图就能直观而动画式地展示了温特的实验设计思路、实验过程与实验结果。

　　如果不采用这样的演示教具，教师很难用语言讲述清楚。因此，教师使用这样的教具学具就是非常必要的。

（3）教具学具的实用性。

选择教具学具时应考虑教具学具和教学内容的统一性。由于20世纪90年代以来我国中学生物学教材变化较大，逐步多样化，借用老的教具学具上课的情况可能存在，恰当选择和修改教具学具以适应现用教材的教学就是应该注意的一个问题。例如，目前，高中阶段的新教材有五种，课程标准规定的"具体内容标准"也与以前有较大的不同，如果不加选择地采用原先的挂图，必然会出现教学内容和教具学具不相符合的问题，这类教具学具就属于不实用。例如，关于艾滋病的内容是课程标准规定的新内容，学校一般缺少艾滋病病毒基本结构的挂图，借用其他病毒（如噬菌体）结构的挂图就不能正确显示艾滋病病毒的结构。

此外，在选择教具学具时，还应该选择大小合适、便于使用和携带、经久耐用的教具学具，例如，石膏质地的细胞亚显微模型应尽量避免带到课堂上使用，而应放置在实验室供学生观看。

（4）教具学具的立体化和动态化。

实践表明，立体感强、动态化好的教具能使枯燥的知识趣味化，抽象的概念具体化，深奥的道理简单化，对于调动学生学习的积极性具有重要的作用。例如，采用一张"神经元之间兴奋传导"的挂图就不如采用"神经元之间兴奋传导"的分步纸板模型生动，更不如采用动画那样生动而有效。

（5）教具学具的模式化。

在保证科学性的基础上，教具应该注意模式化。教具的模式化过程就是一个本质概括的过程，因而有助于教学重点的突出和教学难点的突破。国外有人以大学生为对象进行对比实验，发现在学习人的心脏解剖结构知识时，观察心脏轮廓图的一组学生比观察心脏详细图和观察心脏实物照片组的学生学习效果更好，究其原因，是因为心脏轮廓图突出了心脏的本质特征，消除了非本质因素的干扰。

（6）教具学具的系统性。

在教学过程中如何科学地组合各种教具学具也关系到教学效果的优劣。少而精是科学地组合教具学具的首要原则。教具学具不是越多越好，只有遵循少而精的原则才不会使教具学具在演示中一闪而过，不会使教师在课堂上手忙脚乱，也不会使学生目不暇接。少而精的含义是采用的教具学具应紧紧围绕教学的重点和难点。其次是要合理安排在各个教学环节中使用最恰当的教具学具，这样才能使每个教具学具在各个环节上发挥最重要的作用。例如，在进行"细胞结构"的教学中，教师可以先让学生用显微镜观察细胞结构的玻片标本，获得细胞结构的直观知识，再通过细胞结构的挂图进行精讲，最后把细胞结构的模型用于复习巩固环节，这样就能从不同的侧面揭示出细胞结构的本质特征。

2. 课堂教学演示教具学具的基本要求

（1）演示教具学具应在最佳时机出现。

教具学具演示是一个直观信息输出和输入的过程，应该抓住最佳时机，适时展现。教具学具出示得过早或过晚，都可能影响教学效果。如果上课前就把挂图挂出来或把模型放在讲桌上，学生一般就会把注意力集中到教具学具上，而到该让学生观察教具学具的时候，学生已经对教具学具失去新鲜感，观察的兴趣也就降低了。如果讲完课后才让学生观察教具学具，由于语言信息和直观信息不同步出现，必然增加学生信息接受的难度。教具学具演示完毕后应及时移去，如果不及时移去，可能还会分散部分学生的注意力，影响下一阶段的教学效果。

（2）演示教具学具应有指导性语言的配合。

有人把演示教具学具的语言配合比作"激发学习兴趣，接通信息输入通道"，这是十分恰当的。如果教师在课堂上突然拿出一个教具学具，讲解某种知识而不作一定的介绍，学生就不可能一下子跟上教师的思路。这种短暂的"思维脱节"就会造成"部分知识脱节"，进而"未得此，难得彼"，形成恶性循环。演示教具学具的语言配合包括启发性的引言、说明性的引言等。

当学生对所学的生物学知识缺乏兴趣时，再新颖的教具学具也很难激起学生的兴趣，所以，演示教具学具前给以启发性的引言非常重要。例如，有的教师在演示"神经元之间兴奋传导"的挂图前，先设计了导言："神经元轴突末端分成许多分支，每个分支的末端部分膨大成球状的突触小体，它们与另一个神经元的树突或胞体接触而形成突触。正是这些极其微小的突触完成了神经元之间的兴奋传导。你们知道其中的奥秘吗？请让我们一起来研究一下这幅挂图。"这种"巧设悬念"以激发学生探索欲望的语言配合，为教具学具演示的最佳效果作了极为重要的铺垫。

演示教具学具前给以说明性的引言也非常重要。无论什么样的教具学具，和真实的生物体相比总会有这样那样的差异，因此在讲授有关知识前应该对教具学具和实物的差异（如大小比例、代表颜色等）作简要介绍。如果是切面或部分结构，还应该对教具学具的切面部位和方向作介绍。这样才能使学生从一开始就能正确地跟上教师的教学思路，而不是糊里糊涂地听了一大段，还不知道教师在讲什么。例如，在讲解"脑的结构示意图"时，应先交代示意图中哪是脑的前端哪是脑的后端、剖面显示的是左脑还是右脑等。

（3）演示教具学具应该面向全班，人人可见。

首先要求教具学具大小合适，特别是重要的部位要能让学生都看清。如果教具学具不够大，或者主要的部位不够大，势必影响教学质量。例如，有位教师选择一张有关植物根尖细胞有丝分裂的挂图，挂图首先从一株植物体开始，再到根，再到根尖，几经剖析，到根尖生长点细胞有丝分裂图像时已经很小了，根尖生长点细胞的分裂图像也不清晰了。这就会影响根尖生长点细胞有丝分裂内容的教学。

其次要求演示时教具学具必须放于学生方便观察的高度上，在适当的光线条件下演示。有的教师托举模型时高度不够，挂图挂得不够高，这对学生的观察极为不利。一般情况下，演示时要求光线充足，但在采用电教媒体时则要求暗光条件。有时还必须注意演示材料和背景的关系。例如，在学习高中生物选修 1 微生物接种和培养的内容时，教师向学生展示长有白色菌丝的试管时，应该在试管背侧衬垫黑色纸板，而在观察长有黑色孢子囊的黑根霉时，应该在试管背侧衬垫白色纸板。

（4）演示教具学具应将来龙去脉指点清楚。

演示教具应该按一定的顺序分层次进行。例如，可以根据学生的视觉习惯，由上到下、由左到右、由外到内、由总体到局部、由宏观到微观的顺序逐步进行。在演示中，教鞭应该明确地指示在准确的部位，即要注意"点、线、面"。例如，指点"点"（细胞核、细胞器等）时，教鞭要点在"点"上不动；指点"线"（神经元的轴突、兴奋沿着反射弧传导等）时，教鞭要沿着"线"走动一下；指示"面"（脑的结构示意图显示大脑、小脑等部位）时，教鞭要绕着"面"划一圈。指示教具时切忌教鞭乱指乱点，误导学生的观察。如果自制多媒体课件，则可通过使"点""线""面"闪烁或变换颜色等方法使之突出，课件的其他部位不要"喧宾夺主"，以保证重点突出。

（5）演示教具学具应该注意操作的精确性和教育性。

教师的演示操作过程应该是规范的和准确无误的，演示应该具有示范性，教师的一举一动都应成为学生的榜样。有的教师为了节约时间，把演示后的挂图急急忙忙地丢在地上；有的教师为了方便，在演示制作生态瓶时把剩余的小动物或小植物随意丢在地上或讲台上；有的教师在演示利用双缩脲试剂鉴定蛋白质时把多余的蛋白质或双缩脲试剂随手倒在教室的地上……这些显然是十分错误的。如果教师的"榜样"就是这样马马虎虎，那么，等到学生做实验时，实验室的桌上和地上就会充满各种实验废弃物，甚至由此引发各种实验事故，危害学生的身体健康。生物学作为科学课程之一，其主要教学目的是培养学生的科学素养，只有当教师的演示操作一丝不苟、科学严谨时，学生的科学素养才会在"潜移默化"中形成。

生物学教学中演示教具学具除了要注意上述几点要求外，还应注意及时配合板书、板图等，充分调动学生的各种感官，促进学生动手、动脑、动口，把看、听、嗅、触、写等结合起来，最大限度地强化信息，提高教学效果。

（四）课堂教学板书技能

课堂教学板书是生物教师为辅助和强化课堂教学而写在黑板或投影片上的文字、符号或图形。课堂教学板书一般是经过精心设计和提炼加工过的，由于板书是高度概括和提纲挈领的教学内容和教学过程，它对学生的理解、记忆和复习巩固具有极其重要的作用。

1. 课堂教学板书设计的基本要求

在教学实践中，把教学板书分为"主板书"和"副板书"两种。前者是教案的"微缩"，反映了课堂教学的基本内容和要点；后者是临时性、辅助性的书写，其中有一些内容是事先确定的，也有一些是临场发挥的，目的是帮助学生理解或提醒学生注意。生物学课堂教学主板书的设计应特别注意直观性、条理性、简洁性、多样性和启发性。

（1）教学板书的直观性表现为图文并茂。

生物学教学内容中有很多是关于生物的形态、结构的知识，这些知识如果以简笔画的形式呈现在黑板上，远比烦琐的语言或文字更能强化学生对知识的理解。例如，有关细胞的结构知识可以充分利用图文并茂的方式表现成板书。很多有关生态系统或生理功能方面的知识也需要采用直观的方式表达。例如，有关草原生态系统中的食物链或食物网的构成、反射弧的组成等知识也可以依靠简笔画的表现方式呈现为板书。例如，一位教师在讲授"体液免疫"的内容时，就采用黑板画的方式逐一把抗原、B淋巴细胞、效应B细胞和记忆细胞等分步画在黑板上，并结合箭头、文字，清楚地表现出体液免疫的完整过程。

（2）教学板书的条理性表现为层次分明、脉络清晰。

板书是写给学生看的，因此构成板书的字、词、句应该显示出教学过程和教学内容的内在联系。板书的布局结构应该合理，主体部分设置在黑板的中心，大小标题应清清楚楚地顺序书写，使之结构严谨、层次分明。副板书可分布在黑板的两侧，发挥配合主体板书的目的。例如，书写或勾画难以理解或难以书写的字、词、术语、符号、简图等。

板书应突出重点和难点。一节课的教学重点和难点在板书上应"一目了然"：重点内容的板书通常比较详细，书写工整而字号较大，有必要的话还可以用红色、黄色等彩色粉笔加以圈注。下课后学生只要看看黑板，这节课的重点和难点就"尽收眼底"。

（3）课堂教学板书的简洁性表现在词语精练提纲挈领。

教学板书不仅反映教学内容，更是教学内容的高度概括和浓缩。有的教师事无巨

117

细，不分主次，整段整段地照抄书本内容，迫使学生疲于被动抄写，无法积极思维，不仅没有必要，而且有害。有经验的生物教师常常采用图文式或表格式的板书，既提高了学生的学习兴趣，又利于课后的复习巩固。

在采用多媒体时更要注意板书的提纲挈领。一些教师因为制作方便而增加大量"电子板书"，学生花费很多的时间抄写板书，学生主动学习和思考的时间则更少。

(4) 课堂教学板书的多样性表现为教学板书形式上的多样性。

生物教师要根据教学内容和教学目的的特殊性，从教学实际出发，运用各具特色的板书形式。在生物学教学中，常用的板书形式主要有三种形式：

词语概括式　这是常见的板书形式之一，主要是通过词语（包括生物学专门术语）精练地概括教学主题。一位教师采用词语概括式对"细胞增殖周期"的内容板书如下：

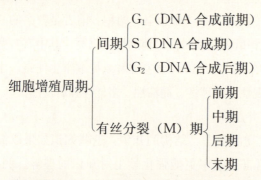

表格概括式　这也是常见的板书形式之一，主要是通过表格把教学内容表格化。在生物学教学中，生物的形态结构和生理功能相适应的知识、不同生物类型之间比较的知识等的教学板书都可以设计成表格概括形式。通过表格的方式板书"复制""转录""翻译"三个概念的比较（见下表），学生就会更好地掌握这些容易混淆的概念。

复制、转录、翻译概念的比较

	复制	转录	翻译
场所	核内	核内	核糖体
模板	DNA	解旋1条有转录意义的DNA	信使RNA
原料	4种脱氧核苷酸	4种核糖核酸	氨基酸
产物	1分子DNA变成2分子DNA	mRNA，tRNA，rRNA	蛋白质

图文概括式　这也是最常见的生物课堂教学板书形式之一。这种板书借助文字、简笔画和线条、符号等概括教学内容，对加深理解教材内涵具有重要作用。

例如，讲解血液、组织液和细胞之间的物质交换关系可以板书表示如下：

营养物质、氧气　　　　　　　营养物质、氧气

血液 ⟷ 组织液 ⟷ 细胞

二氧化碳、废物　　　　　　　二氧化碳、废物

（5）课堂教学板书的启发性表现在打破板书由教师一手包揽的局面。

和教学过程中其他环节需要学生的积极参与一样，教学板书环节也不应该由教师大包大揽。在设计教学板书时应该充分调动学生的参与积极性，教学板书应该给学生留有余地，从而使学生有独立思维和创造想象的空间。有经验的教师常常采用让学生上台"填写""对比""画简图"等方式，引导学生积极参与教学活动。

2. 课堂教学板书的基本要求

（1）教学板书应该书写及时。

在生物学课堂教学中，什么时间书写大标题，什么时间书写小标题，什么时间应该写出教学结论，什么时间应该简笔绘画等，上课前就要有周密的安排。上课时，教师按照预定的步骤及时、适时地出现教学板书。例如，在上述"血液、组织液和细胞之间物质交换关系"的教学板书中，教师先把血液、组织液和细胞三者之间的关系用箭头表示出来，把箭头上方的物质种类留着不写，等到讨论相关内容时让学生自己总结出血液和组织液之间交换的是什么物质，组织液和细胞之间交换的是什么物质，及时地补写在箭头上，这样必然会提高教学效果。

（2）教学板书应该字迹工整。

教学板书不同于一般的文字书写。教学板书的字迹要清晰可辨，切忌乱写乱画。字迹潦草的板书让学生辨认困难，最终影响听课的效果。教学板书写什么样的字，用什么样的词，字体形态是草书还是正楷，还应该考虑学生的年龄特征、可接受程度、知识基础等。例如，在上述板书举例中，教师在写神经递质"乙酰胆碱"时一般采用文字方式，而不把乙酰胆碱简写成 Ach。

（3）教学板书应该美观大方。

课堂教学板书的美观大方主要是指板书整体布局要美观，并适当运用彩色粉笔和简笔板图，达到引起学生的兴趣、赏心悦目的效果。

如果采用投影片，则可较好地解决上述问题。教师按照事先备课时准备好的投影片按顺序播放，在播放时及时揿动鼠标，使各种标题、概念、名词、图形等都可以显现在屏幕上，选择美观大方和工整的字体，并通过选择板书的播映方式和呈现方式，使学生为之"心动"，积极地参与教学过程。当然，无论采用何种板书方式，由于教学面对的是活生生的学生，教师不可能完全在课前对可能产生的问题"料事如神"，所以，教师仍然要针对课堂上可能出现的问题，在黑板上"露一手"板书，补充教学投影片的不足。

总之，板书的技能并不会因为多媒体手段的应用而无"用武之地"。

（五）课堂教学变化技能

变化技能是教师的基本教学技能之一。变化技能和教师在课堂上的动作、移动、讲话及个人的教学风格有重要关系，同时也包括充分利用多种教学媒体组织学生主动学习等，变化技能关系到课堂教学质量的高低。变化技能发生于教学过程的各个环节，对于教学本身以及在教学过程中密切师生关系方面都具有积极的作用。生物学教学的生动活泼常常在于对学生不断变化的刺激方式，主要是通过变化教学活动方式，使用不同的教学媒体，改变课堂教学节奏，改变讲授的声音和声调，表现不同的表情和眼神等。

1. 变化技能的一般要求

生物学教师的教学状态一般要求是情绪饱满、精神振奋、态度端庄、和蔼可亲，这样才能让学生"亲其师而信其道"。实践证明，生物学教师的精神状态直接影响着良好教学气氛的形成，而良好教学气氛具有催人向上的力量。生物学教学过程并不完全是一个生动活泼、轻松愉快的过程，而是一个艰苦的脑力劳动过程，教师如果能够通过情感上的"感化"和"熏陶"，融洽师生关系，调动学生积极参与教学活动，才能使学生积极、愉快、勇于克服困难地去学习。因此，教师既不能板着面孔进课堂而使学生望而生畏，又不能整节课和颜悦色而使学生感到单调。好的生物学教师常常有情有趣，既严格要求又体谅尊重，既轻松又紧张，这就要求有变化。

（1）教学变化应该目的明确。

教学变化是必然的，但是变化应该有明确的目的。例如，讲授重点的内容应该讲述得慢一点，采用多种教具从各个侧面加以阐述，在板书上明显地加以突出等，这些变化的目的就是引起重视，讲透重点。如有的教师在讲授有丝分裂的内容时，用双手十指的配合动作帮助学生理解，其目的也是十分清楚的。但是，有些教师的变化动作只是习惯动作并不具有任何目的，则不可取。

（2）教学变化应该因"需"而变。

变化应该建立在教学需要的基础上。生物教师在教学过程中常常用双手的变化表示大小、比例、形状、空间位置等，用身体的姿势和眼神及头部的摆动等变化形象地表示动物的行为、环境的优劣、生物的形态甚至生物的情感等，这些都是教学的需要，"变"得有理。如果已经采用录像或多媒体给出生动直观的演示，教师再用双手、身体姿势、眼神等重复变化就无必要了。

（3）教学变化应该运用适度。

教学实践表明，教师的表情、姿态、手势等的变化对教学语言的表达起着重要的配合、修饰、补充、加深的作用，使教师的表达更加确切、丰富、易懂。但是，教师的教学变化应该自然大方，吐露应该真情实意，而不应该矫揉造作、虚情假意。变化动作的幅度应该恰到好处，切忌过大、过猛、过频。

2. 变化技能的基本要求

（1）目光的变化。

目光的变化是生物教师重要的表情反应。眼睛是"心灵的窗户"，在教学过程中，教师和学生、学生和学生之间都在不由自主地通过目光的接触表达各自的思想和情感。事实证明，当学生饶有兴趣地听讲时，目光都是正视着教师的；而当教师提问时，能够回答问题的学生的目光是充满自信地看着教师的，不会回答问题的学生则常常低头避开教师的目光；回答完提问的学生如果轻松地望着教师，那么他一定比较满意自己的回答，期待着教师的肯定和称赞等。因此，教师在讲课时，不应只想着自己的教案，望着天花板、地板或窗外，或只对着黑板，应该不断变化自己的目光，使视线经常地落在学生身上。经验丰富的生物教师总是注意变化目光，使每个学生都处于自己的视线之内，这是控制课堂教学中学生注意力的有效方法。例如，他们会把目光较长时间地停留在做小动作的学生身上，使他们知道教师已经注意到了他们；在使用直观教具时，会尽量使教具处于教师和学生目光连线上，这样，学生不仅在观察教具，也在注视着教师。这样，教师不仅能演示教具学具，也能关注学生。

（2）面部表情的变化。

面部表情也是人内心感情的重要表现。在课堂教学过程中，教师的面部表情对激发学生的情感、创造和谐的课堂教学气氛和良好的智力发展的环境具有特殊的作用。有的教师认为，在教师的面部表情中最能表情达意的就是微笑。教师的微笑能使学生消除紧张，可以表达教师对学生的积极态度。教师发自内心的微笑意味着："你们都是好样的""我很喜欢你们""你们的回答令我十分满意"等。但是，如果教师整节课都微笑就失去了微笑的积极含义。随着教学的进程需要以及课堂情景的变化，需要严肃的时候一定要严肃，而严肃后的再微笑则更加具有积极的促进作用。

问题探讨

身体动作的变化技能有哪些要求？

身体动作的变化主要是指教师在教室里身体位置的移动或身体的局部动作，包括走动、手势、姿势等。"情动于中而形于外"，任何人思想感情总是有意无意地通过外部的姿势和动作流露出来。一般来说，生物学教师在教学时不应一直呆板不动，身体姿势或动作应随着教学内容和课堂状况的变化而不断地变化，包括头、手臂、脚步、身体的上半身等的变化。但是，教师的身体动作不应变化太大。例如，教师教学时的走动主要以讲台为中心小距离地变化，除非要演示小型教具、参与教学讨论、了解学生课堂练习的情况时才走下讲台到学生中间去。过分频繁的走动或走动的幅度太大会使学生过多地注意教师的走动而分散听课的注意力。教师在教学中应该"走有走相""站有站相"。站立时应该昂首挺胸，避免双臂交叉或双腿交叉，避免将一只脚踏在凳子上，避免双腿不停地抖动等。教师应该适当变化手势，以表现积极的情绪，吸引学生的注意，但是也不能使手势变化太多、太频，这样会给学生留下浮躁的印象，干扰学生的听课。教师头部的变化也有重要作用。不善于发言或学习较差的学生回答问题时，如果教师恰到好处地点点头，就能有效地鼓励学生继续回答问题。如果教师一直不点头，学生就会以为教师完全不同意自己的回答，而如果教师一直在点头，学生又会以为教师完全同意自己的回答。如果教师点头之后又突然停住并伴随皱眉等表情，学生就会得到教师传来的"可能有问题"的信息，从而进一步认真思考。

生物学教学中手势的运用也是变化技能的重要体现。生物体或局部形态结构的大小、形态及动物的某些行为等可以通过手势和身体姿势的巧妙配合，从而使表达更加形象、更加生动。但是，完全无意义的手势要避免，更应注意不要在上课时提裤子、捻耳朵、抠鼻子、揉眼睛等。

（六）课堂学习方式指导技能

一般认为，学习方式是指学生完成学习任务过程中基本的行为和认知趋向。有学者认为学习方式是学习者一贯表现出来的学习策略和学习倾向的总和。学习策略是学习者完成学习任务时所采用的一系列步骤，其中某一特定步骤就是我们常说的学习方法，如有些学生善于运用形象思维联想和记忆，有些学生愿意运用动觉通道（自己动手做）。学习倾向则包括学习动机、态度、坚持性以及对学习环境和学习内容等方面的偏爱。比如在学习动机方面，有些学生的学习是为了获得家长或教师的奖励或表扬（外在动机），而有些学生则可能从学习过程本身感受到了巨大的乐趣（内在动机）。在学习环境方面，有些学生喜欢绝对安静的环境，而有些学生则喜欢边听音乐边做功课。

教育部基础教育司调查组的调查结果表明，我国目前的教与学的方式，以被动接受式为主要特征。具体表现为：教学以教师讲授为主，而很少让学生通过自己的活动与实践来获得知识、得到发展；依靠学生查阅资料、集体讨论为主的学习活动很少；教师经常布置的作业多是书面习题与阅读教科书，而很少布置如观察、制作、实验、读课外书和社会调查等实践性作业；学生很少有根据自己的理解发表看法与意见的机会，课堂教学在一定程度上存在着"以课堂为中心，以教师为中心和以课本为中心"的倾向，忽视学生创新精神和实践能力的培养，因此需要改变传统的学习方式。

1. 课堂学习方式指导的价值

《基础教育课程改革纲要》明确表述："改变课程实施过于强调接受学习、死记硬背、机械训练的现状，倡导学生主动参与、乐于探究、勤于动手，培养学生搜集和处理信息的能力、获取新知识的能力、分析和解决问题的能力以及交流和合作能力。"新课程倡导"自主、合作、探究"为特征的学习方式。自主学习方式是指学生自主建构学习，其核心思想是让学生通过积极建构生成新知识。学生不是被动地接受或照搬从教师或课本获得的信息，而是通过理解学习主题并与自己已有的相关知识进行联系的方式积极思考、自主建构新知识。合作学习方式主要是指学生在小组或团队中为了完成共同的任务，有明确的责任分工的互助性学习。小组合作学习鼓励学生为集体的利益和个人的利益而一起工作。探究学习主要指问题探究性学习。在这种学习方式中，学生从学科领域或现实生活中选择和确定研究主题，通过学生的自主探究获得问题的解决。

在生物学教学中对学生进行学习方式指导具有重要的教学价值。无论是传统的学习方式还是新课程倡导的学习方式，都需要教师在教学过程中对学生进行学习方式的指导。

通过教师的指导，学生能更好地认识到适合自己的学习策略。策略选择适当，学生的学习会变得轻松起来。如学生在学习 DNA 双螺旋结构的时候，可以选择看模型——研究模型——制作模型——归纳总结这样一个学习策略，这有助于学生建构关于 DNA 双螺旋结构的知识。看模型有助于学生从感性认识入手，激发兴趣，通过学习研究模型则有助于研究模型所表达的信息。制作模型则是将所学习的有关知识的实际应用，通过动手做这种学习方式帮助学生更好地理解，归纳总结则有助于学生系统地掌握有关 DNA 双螺旋结构的知识，使其达到熟练掌握、自由迁移的水平。

通过教师的指导，学生能获得适合自己的学习方法。好的学习方法是取得好的学习成绩的一个重要条件。不同的学生可能对同样一个学习内容会采取不同的学习方法。例如，学生在学习有关有氧呼吸的过程内容的时候，可以结合有氧呼吸过程的图解，通过形象思维进行联想和记忆；学生也可以通过教材的文字结合自己的演绎和推理进行学习；学生还可以结合教师的讲解或多媒体动画等进行学习。

通过教师的指导，学生在学习倾向性方面获得正确的动机、态度以及毅力等方面的进步。例如，在学习动机方面，进入高中阶段，学生的学习动机应该从外在的功利性动机、从获得老师或家长的奖励等转变为内在的动机，从对学习内容的好奇心转变为从学习中获得乐趣等。通过教师的指导，学生的学习态度以及毅力等方面有了进步，也有助于学习策略或方法的充分发挥。

2. 课堂学习方式指导的技能

如果一个在学校中度过 9 年或更多时间的学生，整天处于被动的应付、机械的训练、死记硬背、简单重复之中，对于所学的内容也就难免生吞活剥、一知半解、似懂非懂。很难想象在今后的人生中，他们能够具有创新精神和创新能力，能够不唯书、不唯上，能够用自己的眼睛去观察，用自己的头脑去判断，用自己的语言去表达，能够成为一个独特的自我。所以，课堂教学学习方式指导的设计技能是一种着眼于学生终生发展的教学设计技能，而教师的教学方式强烈地影响了学生的学习方式。一般认为，课堂教学学习方式指导技能在教学设计时应注意相应的问题：

（1）合理组合，旨在扬长避短。

促进学生学习方式的改变是我国本次课程改革的主要内容之一。奥苏贝尔根据学生进行学习的方式，把学生的学习分为接受学习与发现学习。发现学习是相对于接受学习而言的。一般认为，接受式学习是向学生直接呈现学习内容，学生是知识的接受者，而发现学习则以问题形式呈现学习内容，学生是知识的发现者。

接受学习在整个教学法体系中居于核心地位，奥苏贝尔认为，接受学习在传授大量知识方面是可行和有效的方法，它对学生的学习具有极其重要的意义，它具有高效性、系统性的特征。接受学习的高效性表现为能使学生加快学习速度：教师在教学过程中，通过精心地组织教学内容，删繁就简，将教学内容在较短的时间内最大量地呈现给学生，并通过合乎逻辑的分析、论证，生动形象的描述、陈述，启发诱导性的设疑、解疑，可以使学生在短时间内获取大量的知识。接受学习的系统性表现在教师在教学过程中处于主导地位，教师将教学内容系统地、有机地组合在一起，根据学生的认知结构和特点有序地传授给学生，使学生获得系统的、精确的、牢固的科学知识。在接受学习方式的实施过程中，教师的作用主要是传递知识，学生的作用主要是接受知识。在设计采用接受学习方式进行教学时，特别要注意废止注入式，倡导启发式。在注入式教学思想的指导下，教师教学从主观愿望出发，不考虑学生的实际情况，将其看做完全被动接受知识的容器，照本宣科，生硬灌注，结果必然阻碍学生独立思考、压制学生学习的主动性和积极性。教师在充分发挥接受学习方式优点的基础上，应注意学生是学习的主体，从学生的实际出发，充分调动学生学习的自觉能动性，启发学生积极思考，主动地理解和掌握知识，培养和提高分析问题和解决问题的能力。

美国《国家科学教育标准》将发现学习定义为："一种复杂的学习活动，需要作观察；需要提问题；需要查阅书刊及其他信息源以便了解已有的知识；需要设计调查研究方案；需要根据实验证据来核实已有的结论；需要运用各种手段来搜集、分析和解释数据；需要提出解答、解释和预测；需要把结果告知于人。探究需要明确假设，需要运用判断思维和逻辑思维，需要考虑可能的其他解释。"发现学习方式具有探究性和开放性的特征。探究性表现为始终体现以"学生为本体"的指导思想，积极引导学生能够自己去探究、去分析、去体验，反复尝试、反思、修正，也可能经历失败、挫折或成功，最终获得正确的知识和熟练的技能，形成相应的能力和应有的情感态度和价值观。开放性表现为打破传统的"学校中心""课堂中心""教师中心"和"学科中心"等，将有限的学校、课堂空间融入自然和社会，将有限的校内教学时间放大为无限的自我学习时间，从而实现真正开阔学习环境，充分提供学习机会和条件。采用这一学习方式时，教师的作用主要是引导，学生的作用主要是探究和发现知识。在设计采用发现学习方式进行教学时，教师应注意构建学习情境。良好的学习情境对激发学生的学习兴趣、主动参与、自主学习等极为有利，进而引导学生在模拟的"真实情景"或活生生的现实社会和生活中学会学习和发现。在教学设计时还应考虑营造民主的氛围，彻底改变"教师中心"的状况。学生就会在师生平等、民主、和谐的气氛中，开展生——生、生——师之间的对话与交流、合作与独立、尊重与反思活动。这对形成尊重客观

高

中生物教师专业能力必修

Gao Zhong Sheng Wu Jiao Shi Zhuan Ye Neng Li Bi Xiu

事实、敢于怀疑、坚持真理和勇于反思等科学素养极为有利。例如，教师在范·海尔蒙特和普利斯特莱实验过程的学习之后，又进一步提出："那么光合作用是在哪儿进行的呢？让我们继续科学家的探究历程吧。"通过播放 20 世纪科学家希尔的实验过程系列图片，引导学生提出培养皿中的液体是叶绿体滤液。在此基础上提出新问题："滤液在不同条件下有什么不同的现象"教师在这里播放"20 世纪科学家希尔的实验过程系列图片"和提出"滤液在不同条件下有什么不同的现象"的问题就是在构建学习情境。在这一丰富情境中，学生踊跃思维，不仅积极回答，还提出问题。教师针对这一现象及时地评价和肯定"提出问题这种学习态度很好，要发扬下去"。这里体现了教师在教学过程中关注对学生学习方式的指导。

（2）优化选择，重在目标达成。

事实上，在生物课堂教学中这两类学习方式还演变出许多具体的亚学习方式，谈话学习方式、讲解学习方式、讲述学习方式等主要属于接受学习方式，探究学习方式、观察学习方式、实验学习方式、基于资料收集的学习方式等可以体现发现学习方式的特点。在教学设计时教师应在重目标达成的前提下，对两类学习方式进行优化选择。例如，在开展"探究酵母菌种群大小的动态变化"活动中，理解科学的本质和科学研究的方法是重要的教学目标，因而教师采用发现学习的方式，教师在教学中应努力为学生创设一种探究的情境，使学生产生渴望解决问题的主动性和积极性。当然，课堂教学学习方式的指导应纳入教学设计中统筹考虑，做到有计划、有目的地进行。

（七）课堂教学反馈技能

课堂教学反馈技能近年来得到教师们的一致重视。控制论、信息论的观点认为，教学过程是教与学之间的信息传递与反馈的控制过程。事实上，我国古代学者早就注意到了这一问题，《论语》中写道："不愤不启，不悱不发，举一隅不以三隅反，则不复也。"这里的"愤"、"悱"和"不以三隅反"的情况，正是指来自学生的反馈信息。如果教师不注意观察学生是否处于"愤""悱"状态，那么教师就不可能恰到好处地去启发；如果教师"举一隅"而没有觉察到学生是否能够"以三隅反"，又如何确定是继续讲下去呢，还是应该变化角度再使学生进一步理解教师的"一隅"？生物学课堂教学反馈技能包括对教学反馈信息基本要求的认识和具备获取课堂教学反馈信息的机能。

1. 课堂教学反馈的基本要求

课堂教学实际上是一个刺激和反馈的过程。广义地说，生物体对于来自体内和体外的刺激产生的反应都可以称为反馈。教学中的反馈可以理解为学生对于各种刺激（主要是教学信息）产生的反应。生物学课堂教学反馈信息的基本要求主要有两点：

第一点是及时性。反馈的目的在于根据反馈信息调整教学，因此，生物学教师应该及时了解学生的反馈信息，以便改进自己的教学进程。

第二点是准确性。由于教师把反馈信息作为改进教学的主要依据，因而教师得到的反馈信息必须是准确的。否则，就会像战争中根据错误的情报作出决策而导致战斗失败一样，教学也将成为"盲人摸象"，凭着错误的感觉，谈何教学效果的提高？

2. 获取课堂教学反馈信息的基本技能

课堂教学过程的实质是教师通过传递各种信息刺激学生发生反应，再根据学生的反应（反馈）调整自己的教学，从而取得最佳教学效果。可以说，教学能否成功的关键之一是能否获取反馈信息。人们常说"耳听为虚，眼见为实"，但在教学过程中获取反馈信息的技能和方法则不仅要靠视觉，也靠听觉。

（1）获取反馈信息的视觉技能。

"画龙点睛""眉来眼去""火眼金睛"等词语分别说明眼睛的重要性，眼睛具有传递信息的功能，眼睛能够"明察秋毫"。在生物学教学中通过视觉正确获取反馈信息是教师应该具有的重要教学技能之一。获取反馈信息的视觉技能主要有以下两种：

第一种是察言观色。有经验的教师一般不会只顾自己埋头讲课而不管学生的反应。他们总是边讲课边"察言观色"，从中发现问题，获取反馈信息。

教师应该不断改变自己的视觉范围，周期性扫视全班每一个学生，了解全班大多数学生的总体反应，这种总体反应是教师调整教学进程的主要基础。当教师发现学生们的眼睛紧盯着自己，时而微笑，时而皱眉，听得比较入神，这说明教师的讲课吸引了学生，可以继续按教案讲授下去。例如，如果获取了大多数学生对于动植物细胞有丝分裂的异同点都能够理解的反馈信息后，教师就可以暂时忽略个别学生仍然存在疑问的反馈信息而继续讲述其他内容；如果发现学生表情木然，眼神呆滞，这就意味着学生可能遇到困难，应该及时调整教学进程；若教师板书之后，学生们指指点点，交头接耳，这说明自己的板书很可能出现了笔误，应该检查一下及时纠正。

但是，教师也需要关注个别学生的异常反馈。有时个别学生的反馈信息也会反映教学真正存在的主要问题，这时教师就必须加以调整。例如，教师在讲授"自由组合规律"部分内容时，大部分学生对于应用自由组合规律解决相关问题似乎没有什么问题，但是少数学生反馈出在解决有关问题上存在疑义，教师应该根据多年教学的经验，强化自由组合规律和分离规律的细胞学基础——减数分裂中染色体的行为，帮助学生进一步真正理解规律的实质，这对于灵活解决有关问题极为有益。

第二种是检查作业。学生课堂作业和课后作业的完成情况是教学效果较全面的信息反馈。教师应该认真检查，仔细分析，从中发现存在的教学问题。作为年轻教师，还应该做好记录和总结，并针对问题提出可能的解决办法并加以尝试，进行教学研究。如果说课堂教学提问得到的反馈信息能够及时调整课堂教学进程的话，那么，通过检查作业、分析问题、研究解决办法、探究解决途径和实际效果，则对于教学效果的全面提高，对于教师教学业务水平的提高具有更加重要的作用。不少生物学教师常常感叹从事教学科研无从下手，其实，生物学教师的教学科研可从认真检查作业、分析作业情况、提出和探究解决问题的方法和效果等工作开始。这样的工作只要坚持不懈，无论于己于学生都有益处。

（2）获取反馈信息的听觉技能。

获取反馈信息的听觉技能和方法主要是通过课堂提问来完成的。课堂教学提问最主要的教学功能有两点：一是和学生进行交流以完成教学任务，二是为教学调控提供反馈信息。从获取教学反馈信息的角度而言，应该注意提问回答的激励、提问对象的选择、提问回答的确认等几个主要问题。

首先，要注意提问回答的激励。生物学课堂教学提问能否得到真正的反馈信息，这和教师能否激励学生积极参与提问回答有很大关系。只有当大多数学生参与提问回答或给出明确的反应（例如用举手表示已经理解，愿意回答相关问题；或以皱眉、不举手表示还不理解，不能给出正确回答等），教师才能对大多数学生的学习状况获取准确的反馈信息。反之，如果只有少数学生参与提问回答，即使回答得完全正确，教师也很难了解全班的真实情况。因此，提问回答的激励非常重要。

其次，要注意提问对象的选择。提问对象的选择之所以重要，原因是同一个问题提问不同的对象结果可能完全不同。例如，如果生物学教师提问一个优秀学生回答一个难度不大的问题，即使得到正确回答也很难确定全班大多数学生已经掌握了这一知识点。同样，如果生物学教师提问一个比较差的学生回答一个难度很大的问题，即使没有得到正确回答也很难确定全班大多数学生都没有掌握这一知识点。因此，提问对象的选择也非常重要。

最后，要注意提问回答的确认。有些教师把提问看做走过场、装门面，表示自己是重视"学生是学习主体"的，而对于提问后学生怎样回答、回答的对不对、回答后的确认等问题没有给予重视。这样做一方面没有起到激励学生参与提问回答的积极性，另一方面也很难确认学生是否已经理解所讲授的知识。

教师是一种专业化程度很强的职业。课堂教学是学校教育的主要形式，教学技能是教师完成教学任务的首要技能。就像外科医生不能光靠"满腹医经"而必须具备手术技能才能临床手术一样，一名合格的教师也必须具备必要的教学技能才能走上讲台。作为外科医生，手术时的用刀方法和技能具有一定的、严格的要求，作为教师，课堂教学时的教学方法和教学技能也应该有一定的、严格的要求。

（八）课堂教学结束技能

1. 课堂教学结束技能的功能

课堂教学的结束是指教师在结束课堂的部分教学任务或整个教学任务。教师在课堂教学结束的时候应借助各种方式巩固教学成果，提升学生生物科学素养，陶冶学生情操，促进学生非智力因素的提高。

课堂教学结束技能在生物学教学中具有重要的教学功能。

（1）课堂教学结束时，通过系统归纳帮助学生形成良好的认知结构。

一节课或者一节课的某部分内容结束后，教师有必要对这部分内容以及这部分内容和以前所学内容进行一个系统的归纳总结。通过有机整合，学生对知识以及知识的内在联系有了比较深入的认识，将这些新习得的知识迁移到已有知识中，融成了一个新的概念体系。比如，群落的概念是建立在种群概念的基础上的，学生在学完这部分内容后，要注意比较群落概念与种群概念存在的联系和区别，通过比较、实例、辨析等方法，将群落这个概念融入种群概念之中，同时又发展了种群概念。

（2）课堂教学结束时，通过启发诱导，激发学生探索未知的兴趣。

一堂课的结束只是时间上的暂时"断路"，教师有必要将现在和将来通过一定的方式架起沟通的桥梁，使时间的"断路"不至于导致学习的"断路"。因此，当一堂课结束的时候，教师可以通过一定的方式引导学生关心那些与本节课或下节课有关的内容，激发学生探索未知的兴趣，这对学习"通路"的形成有良好的促进作用。如当学生学习完有氧呼吸内容后，教师可以引导学生：如果没有氧气存在，细胞还能进行呼吸作用以获得能量吗？这就为后面学习无氧呼吸打下伏笔，学生面对这个问题自然兴趣盎然，探索新知的热情一下子就被点燃。

（3）课堂教学结束时，通过渗透情感、态度和价值观，对学生进行潜移默化的教育。

学生在学习中除了满足自己对知识、技能的渴求外，情感的满足也是必不可少的。作为学生，他们不仅是生物学意义上的人，更应该是社会意义上的人，因此，教学要满足一个健全的学生所需要的情感、态度与价值观。这些隐性的教育内容，在很大程度上对学习科学知识、形成一定的科学技能提供了很好的非智力支持。如学生在学习有关癌症的发生与预防内容后，教师可以安排学生讨论自己或自己亲人的哪些习惯会导致癌症高发，学生自然会把对自己或者亲人的责任心、爱心贯穿在讨论中，进而有信心去面对生活，改变不良生活方式，保持身心健康。

2. 课堂教学结束技能的实施

在课堂教学结束的实施过程中，应注意以下几个问题：

（1）概括要点。

教学过程中，有些教学内容知识点纷繁复杂，往往脉络不清，主次难分，互相干扰。因此，进入结束阶段，教师首先应当用简明扼要的语言，明确告诉学生：我们已经学习了什么，它们的要点是什么，总体结构如何。这样既可使学生明确学习已经进入结束阶段，又为其后面的总结奠定认知基础。

在概括要点这一环节，教师应当帮助学生把零星分散的知识归纳成层次分明的知识点，并展示教学全貌。

如教师在结束"细胞呼吸"这部分内容的时候，首先使用图表对比分析有氧呼吸和无氧呼吸的区别，指出细胞呼吸的实质，最后让学生在总结有氧呼吸和无氧呼吸特点的基础上，得出细胞呼吸的概念。如果学生被无氧呼吸和有氧呼吸中牵涉到的反应物、反应条件、反应程度、产物、产能多少等内容牵绊，很容易看不清细胞呼吸的实质是什么，造成学生学习这部分内容的障碍。教师在此就要起到点拨迷津、总结增效的作用。

（2）建立联系。

生物概念各要素之间的联系是学生在学习新知识的过程中，通过分析综合逐步形成的。由于一节课的内容较多，在进行教学的过程中，分析和综合虽然联系在一起进行，但在课堂教学即将结束时有必要将其理清楚。在生物教学中，通过概念图的形式就有助于学生更好地把握概念之间的关系。

概念图在对一些概念较多的主题进行整理时是十分有用的。它从总的概念出发，逐步展开，显示出大概念是如何被分解成一个个小概念的。这样整理之后，各个概念之间的关系就更清晰易懂了。

概念图是有些在圆圈中的概念（通常是名词）和连接它们的联系词构成的。最具概括性的概念常常位于图的顶端，越往下，概念的范围就越小。写在两个圆圈连线上的连接词通常用来描述两者之间的关系。一般要求在从上向下把概念——连接词——概念连起来，读上去应该像一个句子。下图就是一个物质出入细胞的方式的概念图（图）。

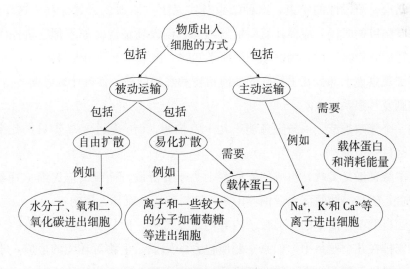

物质出入细胞方式的概念图

（3）突出重点。

主要目的是强化重点，厘清关系，进一步清晰认知结构。因此，展示知识结构后应趁热打铁，运用各种手段，如语言，彩色板书，手势等加以强调。其中，使用高度概括的语言总结，对于突出重点至关重要。如教师在和学生讨论了关于渗透作用的内容后，最好师生共同小结：渗透作用的条件是有半透膜，半透膜两边有浓度差；渗透作用的原理是溶剂通过半透膜从浓度低的一边向浓度高的一边运输。又如教师在引导学生探讨了叶绿体、叶绿素、叶片结构后，这样总结：叶绿体是绿色植物进行光合作用的场所，所以没有叶绿体，绿色植物就不能进行光合作用。叶绿素只有在光下才能形成，所以如果叶绿体没有形成叶绿素，也不能进行光合作用，制造有机物。

（4）比较异同。

这种方法有助于学生将所学内容通过比较的方式更好地把握概念的本质。如学习了有氧呼吸和无氧呼吸后，教师出示以下表格让学生填写。

	有氧呼吸	无氧呼吸
反应物	有机物	有机物
反应条件	酶、氧气	酶、缺氧
反应程度	彻底氧化分解	不彻底氧化分解
产物	二氧化碳、水	二氧化碳、酒精或乳酸
产能多少	大量	少量

3. 深化拓展

课堂结束是阶段性的结束，这种结束其实是下一阶段的开始，基于这样的想法，教师在课堂结束的时候，应该注意引发新问题，创设新情况。如教师在讲完了"生物对环境的适应和影响"后，为深化拓展所学知识，出了以下几道题目：

①仔细观察地上部分几乎等高的沙漠植物和水稻的根，你有什么启发？（投影：水稻和骆驼刺及其根系）

②在一个繁殖季节，一条鲤鱼能产几十万粒卵，而一般小型鸟类只产几个卵，这其中有什么科学道理？

③山羊绒又细又柔软，织成的衣服穿上去十分舒服，而且山羊比绵羊好养，它连草根都啃食，于是一些牧区大量饲养山羊，这对环境会有什么影响？

这些题目就不是简单的有关教学内容的重复考核，而是将生物对环境的适应和影响巧妙地安排在几个题目中，如第一题所包含的知识是生物对环境的适应，学生在做这道题目的时候不仅要知道生物对环境适应这个事实，还要将这种适应应用于解决现实问题，既深化了学生对知识的认识，又拓展了学生的思维。

总之，课堂教学的结束层层递进，教师通过概括要点——建立联系——突出重点——比较异同——深化拓展，反映出结束的过程是概括——系统化——识记——比较——应用的过程，学生通过这个过程进一步学习并巩固所学知识，熟练技能，发展能力并在情感态度和价值观方面受到良好的教育。

三、高中生物学教学生成技能

美国课程学家艾斯纳认为在课程计划中存在两种不同的教学目标：教学性目标和表现性目标。教学性目标是在教学计划中预先规定好的，它预先规定了学生在教学后应获得的知识与行为。自泰勒以来，教学性目标一直是教学的灵魂，并以该目标的最终达成度作为教学价值的体现。它不太关注学生在教学过程中的表现，只关注最终的学习结果是否达到了预设的目标。表现性目标则不同，它不明确规定学生在学习完成后所应达到的结果，而只指明学生将要遭遇的情境、将要处理的问题和将要从事的活动，强调学生在学习中个性化的表现和个人意义的获得。生成性教学由于取消了教学条规对教学过程的限制，让师生的主体性、创造性和个体性得到了充分的展现，因而必定有许多的行为无法预知，学生获得的发展也不可能与教学性目标一一对应，所以表现性目标受到关注理所当然。

生成性教学与预设性教学的比较

项目	生成性教学	预设性教学
教学目标	关注表现性目标，不明确规定学生在学习活动结束后要达到的结果，而是关注学生在教育教学情境中的种种表现，注重学生主体性、创造性、个性的充分展现。 注重差异变化，认为教学目标理应是多元化的、情境化的。	注重导向，事先把教学活动的目标确定，而后依照教学目标展开教学活动。 注重恒定，教学目标一旦确定，就贯穿教学活动的始终。教学本质不变，教学目标也不能变。
教学内容	认为不仅仅要关注知识和技能，更要关注教学过程中情感、态度与价值观的生成。 具有生成性，认为教学内容并非一经确定就永恒不变，而是随着教育教学的种种际遇不断变化。	注重科学性，强调教学内容要由感性认识上升到理性认识才能获得认识的真实性、客观性和科学性，教学内容是科学理性思维的抽象。 注重确定性，教学过程中教师所传递的教学内容就是教师事先挑选、安排的，教学过程中偶发出现的教学资源难以生成为有效的教学内容。
教学过程	注重过程，把教学过程看做是全部的生命意义所在，生命在教学过程中被赋于价值与意义，生命的价值与意义就在于完成一种生存过程，而不是教学过程外在的、先存的教学目标与教学预定。 注重具体，更加关注教学过程中的具体事件、教学文化情境、学生的个性化认识和反应，充分肯定学生生命个体在参与教学过程的作用与意义。	注重规律，把教学规律定为教学活动变化发展的确定秩序，教学活动只是确定秩序下的演绎，只有遵循它，才能取得良好的教学效果。 注重预定，把教学过程看做是教学本质的流动和教学规律的呈现，人们可以从当下的教学看到它的未来。

续表

项目	生成性教学	预设性教学
教学评价	强调评价的过程性，强调教学评价要跟随教学的全过程，使评价成为课堂动态生成资源的重要手段。 评价标准的整体性、开放性、灵活性，不仅关注教学结果，而且关注学生个体在具体教学情境中的表现，重视生成性资源对学生的促进作用，强调将完整的、有个性的人作为评价的对象，并通过评价促进学生个性全面、充分、和谐的发展。	注重结果，预设性思维方式认为，有什么样的本质与规律，就有什么样的结果，过程只是结果的途径与手段。 评价标准封闭单一，教学活动之前就预设了教学目标，如果教学结果与教学目标一致则认为教学是成功的。如果教学结果与教学目标相背离，即使在教学过程中取得了意外而精彩的收获，教学往往也被认为是失败的。

关注课堂教学的动态生成也是新课程所倡导的，生成性课堂强调教学的过程性，突出教学的个性化建构，是一种开放的、互动的、动态的、多元的教学形式。课堂教学如果失去了它的生成性，那么课堂也就失去了弹性和生命活力。那么，我们如何在实践中科学有效地实施生成性课堂呢？

（一）预设学情，引导有效生成

由于生物学课堂教学中教师面对的是一个个活生生的生命体，他们的遗传素质、社会环境、家庭条件、学业水平和生活经历是完全不同的，因而也形成了个人独特的心理世界，这种差异性使生物学课堂教学充满了很大的变数，也隐含了更大的生成性。

实施生成性教学的前提是把学生当成重要的生成性课程资源来对待，课堂上要尊重和善待这种资源，使生物学教学活动能从学生的现实情况出发。正如美国教育心理学家奥苏贝尔所说："假如让我把全部教育心理学仅仅归结为一条原理的话，那么我将一言蔽之：影响学习的唯一重要的因素，就是学习者已经知道了什么，要探明这一点，并应据此进行教学。"因此，教师在重视教学设计（或备课）的同时，更应该"备学生"。了解学生的个体差异、心理认知水平和学习需求，是有效实施生成性课堂教学的前提。

例如，高中生物必修 3 中有"人类影响环境"的教学内容，面对大部分学生并没有真正关注和认识到环境污染已经十分严重的实际状况，如果教师忽视这一学情，按常规进行课堂教学，学生不但兴趣索然，而且也很难使课堂动态生成。有的教师把学生带到校园外的一条小河边，让学生观察河流的污染状况（水质、生物生存状况等），这种新颖的引入，激发了学生的学习兴趣，拨动了学生的思维之弦，为教学的动态生成打开了思维之门。有的教师则把学生带进电脑教室，让学生在网上搜集环境污染的事例，通过交流自然生成等。

一般来说，学生的认知可以分为行为把握、图像把握和符号把握三种方式。通过操作与实践方面的教学活动（如演一演、说一说、画一画、量一量），在做中学、在做中思考和生成的方式称为行为把握；通过实物、图表、图像思考和生成的方式称为图像把握；通过概念、推理、逻辑思维等思考和生成的方式称为符号把握。高中阶段主要以图像把握和符号把握方式为主。

（二）精心设计，创设生成空间

教学活动是有计划有目的的活动，具有预设和生成的双重属性，预设是生成的前提，生成是对预设的超越和发展，预设和生成是辩证统一的。为了更好地生成，课前的教学设计要从教学目标、内容、过程、方法及评价等方面体现出多样性、选择性、灵活性和开放性，为学生个性的发展预留更大的空间。

教学目标既要从知识与能力、过程与方法、情感态度与价值观三个维度进行弹性预设，又要根据学科特点考虑到期望目标与实际结果之间可能出现的差异，因人而异，作分层要求，寻找知识的生成点。例如，学习高中生物必修3"生态系统中的物质循环"内容时，有的教师在课前就设计了三级目标，第一级要求学生能掌握生物圈中的水循环、碳循环、氮循环等基本内容；第二级要求理解教科书中碳循环的示意图并具有读图识图和从材料中获取有效信息的能力，并能根据文字材料在教科书的图中把氮循环的过程用箭头和文字表示出来，理解生物地球化学循环。第三级是引导他们感悟一旦这些物质循环过程受到人为干扰会导致生态系统稳态的破坏。这样，随着教学目标的层层递进，有效地调动了各层次学生的学习积极性，保证了每位学生的有效学习，为课堂教学的动态生成提供了生成空间。

教学过程的预设一般可从课堂教学中学生活动面扩大和活动量增加入手，为学生提供课堂主动学习的条件。一些教师让学生在课堂上至少有1/3的时间去主动活动，包括思考、操作、讨论、辩论等，倡导实施个别学习、小组学习、大组讨论等教学组织形式，这些形式与原有的教师讲授形式进行了有机结合。多样化的组织形式扩大了单位时间内学生主动活动的空间，释放了每个学生的精神活力，使他们有机会大胆地表达不同的见解，说出自己的感受和结论，引发每个学生进一步的思考，甚至还会出现意想不到的"高见"和"高潮"。教师在教学活动中变成了学生学习的指导者、活动的调控者、动态生成的推进者和价值观形成的引导者。

（三）鼓励质疑，促进动态生成

宋代著名学者陆九渊曾指出："为学患无疑，疑则有进，小疑则小进，大疑则大进。"这道出了问题生成的教学价值及意义。人们每天都可见到水开时壶盖会跳，但没有人能像发明家瓦特那样提问：壶盖为什么会跳？正是瓦特的这个问题以及由此发明的蒸汽机，推动人类社会由农业文明进入工业文明。因此，问题意识的培养同样是生成性课堂的关键。

（1）培养学生质疑问难的欲望。

问题意识的培养并非一朝一夕之功，在现行的教育体制下，可以先不提很高的要求，仅从鼓励学生提问、鼓励学生想象做起，不要轻易去打击、约束他们。当学生提问成为习惯时，教师再不断地启发、点拨、激发学生，促进学生学习，使学生的心灵处于动态发展之中。例如，有位教师在完成"评述植物生长调节剂的应用价值"内容的教学后，让学生结合所学内容提出问题并讨论。有位学生突然站起来说："老师，今年男子400米跑冠军梅里特因使用违禁药物而被禁赛，是不是就是吃了植物生长调节剂？"话音未落，教室里传来一片笑声，学生可能认为这是一个很幼稚的问题。当时，这位教师首先对这个学生敢于提出问题并积极思考的勇气和态度进行了充分的鼓励和肯定。在简要说明梅里特服用的是雄性激素等违禁药之后，这位教师指出虽然雄性激素不是植物生长调节剂，但其本质都是激素。激素的应用有双刃性，滥用植物生长调节剂可能带来健康和环境问题等。

（2）用心倾听学生的声音。

生成性课堂要求教师要善于倾听学生的发言，由"说话的强者"转变为"积极的倾听者"，倾听不只是学生的义务，教师更应该学会倾听，要重视学生对各种现象的理解，认真倾听他们的想法，敏锐地洞察他们这些想法的由来，鼓励学生之间的相互交流和置疑，了解彼此的想法。教师是否善于用心倾听学生的声音，是教师能否组织好动态生成的课堂的重要条件之一。有些教师在学生回答问题的时候心不在焉，只是像"走过场"而已，然后按照自己设计的方案进行，这必然造成无视课堂的"生成性"。

（四）生成资源，发挥引领作用

生成性教育资源无处不在，在课堂教学中不是缺乏生成性的课程资源，而是缺乏善于发现和有效利用课程资源的眼睛。教师要有一双慧眼，时刻关注并及时捕捉课堂上师生、生生互动中产生的有价值的新信息、新问题，并能在亮点处引领，在冷场处引领，在迷茫处引领，在错误处引领，把师生互动引向纵深，使课堂再产生新的思维碰撞和交锋，从而有所发现、有所拓展、有所创新，促进教学的不断生成和发展。为此，教师应对生成资源进行选择、整合和提炼。

（1）对生成资源进行选择。

在交流互动、动态生成的教学过程中，来自学生的资源大多处于原生状态，往往是零星的、片面的、模糊的，这就需要教师自始至终研究学生，"选择"学生的创新信息，引领学生把教学过程向更高水平推进。在"选择"中要根据本学科的教学目标、学生的学习规律和生活实际进行优选。对个别学生的问题可以个别解决；对学生提出的常识性问题，可以当堂解决；师生当堂解决不了，可以在课外想办法解决；对一时实在解决不了的问题，也可作为一种悬念，鼓励学生今后继续探究。例如，有的教师在讲授生物进化学说时，让学生就"分子进化的中性学说"进行探究性学习，有的学生提出这种学说与达尔文提出的"自然选择学说"是否相矛盾。虽然基于高中生物学的基本知识，高中学生不可能解决这个问题，其实许多生物进化学家也解决不了这个问题，但它却是许多学生非常感兴趣的生成性问题。这位教师利用这一问题进行了简短的讨论，学生在课堂上提出了一些大胆的有见解的答案，虽然不可能真正解决这一

高
中生物教师专业能力必修
Gao Zhong Sheng Wu Jiao Shi Zhuan Ye Neng Li Bi Xiu

问题，但答案的正确与否似乎并不重要，关键是学生在这样的学习过程中奠定了对他们进一步发展有意义的基础。

（2）对学生生成的资源进行整合和提炼。

教师要从众多发言中优选部分发言内容进行简要归纳，以达成共识，对于一些极有价值的创新信息，师生应该再度归纳形成深层次、高质量的资源，使学生的健康人格、创新意识、实践能力得到和谐统一的发展，也可以及时地把它转化成全体学生共同的精神财富。例如，在评价植物生长调节剂的应用价值时，学生提出了各种观点，有的学生提出："在人口快速增长的今天，如果人类不用植物生长调节剂，人类是不是会因为缺粮、缺菜、缺水果而灭亡呢？"有的学生则提出："在人口快速增长的今天，如果人类不用植物生长调节剂，是否可以通过现代生物技术在工厂里生产粮食和水果蔬菜呢？"这些问题需要教师引导学生在比较的基础上，联系生物科学的发展多维度地评价植物生长调节剂的应用价值。

专题四　高中生物学教学评价

一、观摩案例

思考分析：

1. 你可能在普通高中生物课程标准中读过有关"观察植物细胞质壁分离与复原实验"评价的案例，该实验的评价方案是一个典型的实验评价方案。你在教学中是如何设计这一实验的评价方案的呢？

2. 这一评价方案的优缺点是什么？

对实验操作技能的评价可利用实验操作检核表等工具。利用检核表评价操作行为时，要依次列出需要检核的项目及操作行为要点，然后，观察被检核者是否表现了这种行为，并予以记录。检核表的制作应以实验步骤和操作要求为依据。

案例：植物细胞质壁分离与复原实验操作检核表

班级：　　　　被检核者姓名：　　　　检核者姓名：

检核项目	操作行为要点	检核记录
检查材料器具	（1）检查材料器具是否完好齐备（紫色洋葱鳞茎、尖头镊子、载玻片、盖玻片、显微镜、滴瓶、吸水纸、浓蔗糖溶液、清水等）。	
洋葱表皮临时装片的制作	（2）用纱布清洁载玻片和盖玻片。	
	（3）用滴管在载玻片中央滴一滴清水。	
	（4）撕取一小片颜色较深的洋葱上表皮。	
	（5）用镊子将撕下的表皮放在水滴中。	
	（6）用镊子夹起盖玻片。	
	（7）将盖玻片的一边先接触载玻片上的水滴，然后轻轻盖在水滴上。	
观察洋葱表皮	（8）将低倍物镜对准通光孔，根据光线选择适当的反光镜和光圈，获得明亮适宜的视野。	
	（9）把做好的装片放在显微镜的载物台上，用压片夹夹好，并从侧面观察，将镜筒下降到适当位置。	
	（10）通过目镜观察，旋转粗准焦螺旋使镜筒缓慢上升，直至看到物象。再旋转细准焦螺旋，进行微调，直至获得清晰的物像。	

高中生物教师专业能力必修
Gao Zhong Sheng Wu Jiao Shi Zhuan Ye Neng Li Bi Xiu

续表

检核项目	操作行为要点	检核记录
观察质壁分离和复原	（11）取下临时装片，水平放在桌上。用滴管在盖玻片的一边滴加适量的浓蔗糖溶液，同时用吸水纸在盖玻片另一端吸水。重复上述操作，使洋葱表皮细胞浸润在浓蔗糖溶液中。	
	（12）静置片刻，将装片放在显微镜下观察。	
	（13）取下临时装片，水平放在桌上。用滴管在盖玻片的一边滴加适量的清水，同时用吸水纸在盖玻片另一端吸水；重复进行，使洋葱表皮细胞重新浸润在清水中。	
	（14）静置片刻，将装片放在显微镜下观察。	
整理	（15）清除废物，清洁器具并放回原位，摆放整齐，保持桌面整洁。	

摘自（《普通高中生物课程标准（实验稿)》）

二、高中生物学教学评价的准备

本世纪初我国先后在义务教育阶段和高中教育阶段推行新一轮课程改革，新课程进一步端正了科学的教育评价观念。《基础教育课程改革纲要》规定"要建立促进学生发展的评价体系，要发现和发展学生多方面的潜能，帮助学生认识自我，建立自信，发挥评价的教育功能，使学生在原有的水平上发展"。课程改革提倡：在指导思想上，要突出评价的发展性功能和激励性功能，重视对学生学习潜能的评价，立足于促进学生的学习和充分发展，改变过分强调评价的甄别与选拔的功能；在评价主体上，调动学生主动参与评价的积极性，改变评价主体的单一性，实现评价主体的多元化，建立由学生、家长、社会、学校和教师等共同参与的评价机制；在评价方法上，重视形成性评价，实行多次评价、随时性评价、"档案袋"评价等方式，突出过程性；重视定量和定性相结合的评价，不仅关注学生的分数，更要看学生学习的动机、行为习惯、意志品质等，全面评价学生的道德品质、学习能力、交流与合作能力和学科学业发展；运用观察、交流、测验、实际操作、作品展示、自评与互评等多种评价方式，为学生建立成长记录，全面反映学生的成长历程，重视个人差异评价，对学生在同一学科内的不同方面或不同学科之间的成绩与能力差异进行横向比较和评价以及对个体两个或多个时刻内表现出的成就进行纵向评价，为教师全面了解学生提供准确和动态的依据，使学生更清晰地掌握自己的实际情况，激发他们学习的动力，挖掘学习潜能，改进学习策略。重视评价的差异性和层次性，提倡对不同的学生采用不同的评价标准和方法，促进所有学生的充分发展。

学习评价是对学生学习进展、心理变化及行为变化的全面评价，评价范围包括学生在知识与技能，过程与方法，情感、态度与价值观等方面的发展状况。其中对学生在知识技能方面的发展情况的评价历来非常受关注，而其他方面的评价过去一直不够重视。随着课程改革的深入，这些方面的评价正越来越受到人们的关注。新课程改革倡导建立促进学生发展的课程评价体系，体现了新课程改革"为了每个学生的发展"的基本精神。

教师上课要事先备课，同样要进行学习评价，也要精心做好事先准备。生物学学习评价的准备工作主要有钻研课程标准、构建评价指标体系、确定评价方法和策略、选择评价工具、制订评价方案等五个方面。

（一）钻研课程标准

《全日制义务教育生物课程标准（实验稿）》指出："义务教育阶段生物教学评价的依据是本《标准》，评价内容包括知识、能力和情感态度与价值观等方面。"《普通高中生物课程标准（实验稿）》也指出"评价应以《标准》为依据，根据课程目标和具体的教学目标进行"，"评价的内容应符合《标准》要求，兼顾知识、能力、情感态度与价值观等方面"。所以要正确进行学生学习评价，评价者就必须先钻研课程标准，深入理解课程标准的精神，掌握课程标准规定的课程目标和具体的内容标准，这样才能明确评价的目的和指导思想，把握评价的尺度和范围，掌握学习评价应遵循的原则，创造性地使用课程标准建议的评价方法与策略，使评价公正、客观、科学，对学生的发展有切实的促进作用。

《普通高中生物课程标准（实验稿）》提出了具体的评价建议：

（1）重视学习过程中的评价，建立学生学习记录卡。

在日常教学中观察学生的表现是最常用的评价方法之一。学生学习记录卡是教师用于系统观察记录学生平时学习情况的评价工具，也是教师和学生进行交流的工具。通过记录卡，教师可以了解学生的学习行为，有针对性地辅导学生学习；学生也可以清楚地看到自己在学习过程中取得的进步和存在的问题。一般情况下，记录卡只限于教师和学生本人之间交流，不宜向家长、同学和其他教师公开。记录卡可由教师根据本班学生的具体情况自行设计，主要项目包括以下几项：学生的出勤情况；开学初学生学业基础的测试结果；学生的课堂表现；学生在小组合作学习中的表现；学生完成作业的情况；教师对学生在实验课上表现的评价和完成实验报告的情况等。

（2）在不同的教学方式中采用不同的评价策略。

在设计教学活动时，要把教学过程和评价策略作为一个整体考虑。在不同的教学方式中采用不同的评价策略。

（3）善于利用纸笔测验，检测学生知识性目标的达成。

纸笔测验仍然是教学过程中最常见的评价方式之一。在提倡多元化评价的同时，要充分利用好传统的纸笔测验。在制作纸笔测验试题时，应注意实现以下转变：

命题时不必过分强调	命题时应强调
枝节内容。	核心内容。
零散的知识。	具有良好结构的知识。
单纯的生物学事实。	对生物学概念、原理的理解和应用。
对内容记忆情况的考查。	对分析、综合等思维能力的考查。
学生还不理解哪些知识。	学生理解了哪些知识。

（4）根据学生实际操作情况，评价学生的实验操作技能。

对实验操作技能的评价可利用实验操作检核表等工具。利用检核表评价操作行为时，要依次列出需要检核的项目及操作行为要点，然后，观察被检核者是否表现了这种行为，并予以记录。检核表的制作应以实验步骤和操作要求为依据。

（5）从多个侧面评价学生的探究能力。

对学生探究能力的评价应根据探究活动的类型来设计，例如，对实验探究能力的评价可包括完成以下工作的情况。

提出问题和作出假设：确定一个可以通过探究活动回答的问题；说出与问题有关的背景知识；作出一种可检验的假设。

制订实验计划：明确实验目的；陈述自变量和因变量的关系；描述观察或测量变量的方法；列出重要的步骤和材料器具。

实施实验计划：执行实验计划中规定的步骤；记录实验现象和数据；重复收集实验数据；处理实验数据。

阐述和交流实验结果与结论：根据实验现象和数据得出结论；应用有关的科学知识解释结论；说出假设是否得到支持；完成实验报告；对探究过程进行反思和评价。

钻研课程标准除了理解课程目标外，还需领悟生物课程的内容标准及其对评价的具体建议。

普通高中生物课程标准规定了高中学生需要学习的基本内容和学习这些内容的基本要求，并且给不同地区、不同学校留下了不同的扩展空间。内容标准是课程目标的具体化，是学生学习、教师教学的具体依据。同样，进行教学评价也必须把握好课程标准所确定的具体的内容标准，它是制订评价方案、确定评价指标、选择评价方法、命题成卷等环节的具体依据。

（二）构建评价指标体系

在评价活动中，通常根据评价的目的，分类逐层次地建立一系列评价指标，用以系统地、客观地反映被评价者的全貌。建立评价指标体系应遵循方向性、可行性、独立性、整体完备性、可比性和简易性等原则。评价的指标体系的建立应以课程标准为依据，根据实际教学内容确立，将评价目的进一步具体化而形成。由于新课程标准构建了由知识、能力（过程方法）、情感态度与价值观三个维度组成的课程目标，确立评价的指标体系就必须突出三维目标的达成情况，彻底改变过去只检测知识掌握情况的片面做法。

问题探讨

高中生物学教学评价有哪些主要功能？

1. 鉴定功能

教学评价的鉴定功能是指认定、判断被评价高中学生合格与否、优劣程度、水平高低等实际价值的功效和能力，它是与教学评价活动同时出现并始终伴随着教学评价存在的。教学评价的鉴定功能，既能为教师教学提供参考依据，在教学改进中发挥积极的促进作用，也能使高中学生增加课业负担和心理负担，产生一定的消极影响。

2. 导向功能

教学评价的导向功能是指教学评价本身所具有的引导评价者朝着理想目标前进的功效和能力，这是由评价标准的方向性决定的。这些评价的目标、标准、指标及其权重，对被评价的高中学生来说，起着"指挥棒"的作用，为他们的努力指定方向。

3. 激励功能

教学评价的激励功能是指合理有效地运用教育评价，能够激发和维持被评价高中学生的内在动力，调动被评价高中学生的内部潜力，提高其工作的积极性和创造性，从而达到教学管理的目的。恰如其分的评价结果能给高中学生以心理上的满足感，从而激励他们不断进取，而对于落后者则是一种有力的鞭策。

4. 诊断功能

教学评价的诊断作用是指教学评价对教学的成效、矛盾和问题作出判断的功效和能力。科学的教学评价的过程是评价者利用观察、问卷、测验等手段，搜集被评价高中学生的有关资料并进行严格的分析，根据评价标准作出价值判断，分析出、诊断出教学活动中哪些部分或环节做得好，应加以保持和提高，同时也能指出哪些方面存在着问题，找出原因，再针对这些原因提供改进途径和措施的过程。

5. 调节功能

教学评价的调节功能是指教学评价对被评价高中学生的教和学等活动进行调节的功效和能力。被评价高中学生通过评价了解自己的长短，明确努力方向及改进措施，以实现自我调节。

6. 监督作用

教学评价的监督作用是指教学评价有对被评价高中学生起检查、督促的功效和能力。它的检查作用主要表现在教学评价总是将被评价高中学生与评价目标相比较，以确定其是否达到目标以及达到目标的程度。

7. 选拔作用

教学评价的选拔作用是指教学评价能依据一定的评价标准将不同学业水平的学生或不同教学水平的教师加以区别，进行排队并根据评价的结果进行选拔，现代常用的升学考试就是发挥了教育评价的甄别和选拔功能。

8. 记录作用

教学评价的选拔作用是指教学评价能通过教学评价记录、描述被评价高中学生学习的过程，记录、描述学生成长、发展的过程。

在实施教育评价时，各种功能总是综合地起作用的，不能把它们截然分开。此外，也应注意到各种功能都具有两面性，只有良好的评价，才会产生积极的作用。

1. 知识领域的评价指标体系

知识领域的评价指标体系可以分为了解、理解、应用等三个层次。每个层次又根据事实性知识、概念性知识、程序性知识等不同类型的知识，列出具体的评价指标。

例如，事实性知识的评价指标可以这样确定：了解层次要求学生从多个选项中选出正确的定义；理解层次要求学生解释为什么会产生某个生物学现象；应用层次要求学生用学到的知识进行某项实验、分析相关概念之间有什么样的联系、从一组数据中得出的结论是否正确，设计实验证明某个生物学法则等。

再如程序性知识的评价指标可以是：了解层次要求学生在显微镜图中标出各部件的名称；理解层次要求学生叙述如何调焦；应用层次要求学生动手调好显微镜，看清楚切片中的图像，在观察显微镜下的不同细胞后绘图说明它们之间的区别，一边观察显微镜下的标本，一边判断教师提供的结论是否正确、观察从未看过的标本，并提出观察方法、技术和观察结论上的创新等。

2. 能力领域的评价指标体系

生物学学习中涉及的能力主要包括观察、分类、交流、测量、假设和预测、识别和控制变量、设计实验、解释数据、结论推断、建立模型等能力。

观察的指标体系包括：识别目标、描述观察对象、进行定性观察、进行定量观察、感官和仪器的使用、观察的顺序性、观察的选择性、观察的理解性等。

分类的指标体系包括：识别物体的共性和差异、建立或选择分类标准、精确进行分类、掌握科学的分类理论、发展复杂的分类体系等。

交流的指标体系包括：准确流畅的描述、精确传达信息、清晰表达思维和推理、耐心听取他人的意见、恰当反驳别人、恰当表示不同意见、注意利用他人有益的意见等。

测量的指标体系包括：正确使用度量衡进行测量、正确使用测量单位、正确使用测量仪器、正确使用测量技术等。

假设和预测的指标体系包括：分析问题情境找出解决问题的线索、利用现有证据形成假设、利用已有经验形成假设、运用直觉猜想形成假设、运用逻辑推理预测实验的结果、通过变量分析进行预测等。

识别和控制变量的指标体系包括：识别实验因素和非实验因素、了解控制变量的方法等。

设计实验的指标体系包括：根据探究目标设计实验、选择适合的实验材料、明确实验要解决的问题并据此设计实验步骤、懂得设计对照实验和重复实验等。

解释数据的指标体系包括：识别数据的类型、发现数据变化的规律、运用逻辑推理对数据进行解释等。

结论推断的指标体系包括：描述证据与结论之间的相互联系、清晰描述判断与推理的逻辑过程、正确使用图表等不同类型的数据、区分有用数据和其他数据等。

建立模型的指标体系包括：理解模型的含义与意义、了解模型的类型、了解构成模型的要素、为构建模型进行必要准备、按照探究目标构建模型、对模型做出合理的解释等。

3. 情感、态度与价值观领域的评价指标体系

形成正确生物学观点的指标体系包括：生物体结构与功能相统一的观点、生物体局部与整体相统一的观点、生物体多样性与同一性相统一的观点、生物进化的观点、生态学观点、辩证唯物主义自然观等。

形成民族责任感与使命感的指标体系包括：关心我国生物资源状况，关心生物科技发展状况，热爱家乡、热爱祖国、报效祖国的意识和决心等。

树立科学精神和科学态度的指标体系包括：理解生物科学对自己的价值，理解生物科学的社会价值，对生物科学的兴趣和质疑、求实和创新的精神、勇于实践的精神等。

科技意识的指标体系包括：理解生物科学与技术的关系，关心生物技术的发展成就，了解生物科学、技术与社会三者之间的关系，在个人决策和参与社会事物讨论中正确运用生物科学知识和简单的技术等。

可持续发展观的指标体系包括：热爱自然的意识和行为、珍爱生命的意识和行为、理解人与自然和谐发展的意义、在学习和生活中自觉节约能源、保护自然资源等。

积极生活态度和健康生活方式的指标体系包括：热爱生活、懂得环境与健康的关系、懂得运动与健康的关系、懂得营养与健康的关系、远离有害健康的因素、勤俭节约的习惯等。

（三）确定评价方法和类型

新课程的教学评价注重发展性评价，注重学生生物课学习以后的成长变化，注重定性评价与定量评价、形成性评价与终结性评价相结合。因此，不同的评价形式和不

同的评价内容需要采用不同的评价方法和类型。

按照评价的功能划分，可以将教育评价划分为水平性评价和选拔性评价两类。水平性评价主要用以了解预设的教育目标达成的情况，了解教师的教学水平和学生的学习水平与预设目标之间的差距，实现评价对学业水平和教学水平的鉴定功能；选拔性评价则主要用于甄别不同学业水平和教学水平的对象，起着衡量教学业绩与学习业绩，选拔、淘汰人力资源，调节教育资源配置的功能。在平时的评价实践中，学校所进行的期中考试、期末考试、毕业考试都应该属于水平性评价，而高等院校、中等学校的入学考试则一般属于选拔性评价。

按照考试形式划分，可以将评价划分为笔试测验和实作评价。笔试测验主要用以测量学生对知识的掌握和运用情况，主要考查可以记忆、描述的知识和进行逻辑推理分析综合的能力。所以笔试尽管具有很强的测试功能，但测验的范围很有限，被试学生的创造性、潜能，尤其是动手操作能力等许多方面都很难被考查出来。实作评价则主要用以衡量学生的动手能力、解决实际问题的能力，如实验能力、技术设计能力等。在过去的评价中，往往只重视笔试测验，忽略实作评价，应该说这是产生"高分低能"现象的直接原因之一。

按考试目标划分，可以将评价划分为配置性评价、形成性评价、诊断性评价和终结性评价，配置性评价是指为了解学生学习背景、心理特征及其他与今后学习有关的情况所进行的评价，如教师在上新课之前所进行的摸底测验就属于配置性评价。配置性评价是为了根据不同学生的差异和特点，有针对性地进行教学和辅导；形成性评价是指了解学生知识、技能、能力形成过程的评价，其关注的是学生求知的过程、探究的过程和努力的过程等学习过程，是学生在学习过程中怎样发展提高，存在什么样的问题的问题，是学生的学习态度、情感体验和价值观的形成的问题。因此，关注过程的形成性评价，是面向"未来"、重在"发展"的评价；诊断性评价是为了了解学生学习过程中存在什么困难和缺陷，并给以纠正强化所进行的一种评价。通常诊断性评价需要通过诊断性习题来进行；终结性评价是为了鉴定学生学习结果或等级水平而进行的评价。

按照评价的侧重点划分，可以将评价划分为形成性评价和终结性评价。形成性评价是指对学习过程所进行的评价，衡量学习的质的方面，不仅需要对学习结果，而且需要对学习方式与过程进行评价，要对情感、态度与价值观的变化进行评价，形成性评价的结果可以用等级或描述的方式呈现。终结性评价所关注的是学生学习的结果，是面向"过去"的评价。在新课程的实施中，要将评价的重心从终结性评价转向形成性的评价，将终结性评价和形成性评价有机地结合起来。

按照测量标准划分，可以将评价划分为标准参照性测验和常模参照性测验。标准参照性测验是以特定标准为参照点的测验，比如平时学校进行以 60 分为及格标准的水平性考试。而常模参照性测验是以参试团体的平均水平为参照点的测验，团体的平均水平称做常模，比如 TOEFL 考试就是典型的常模参照性测验，我国的中考和高考也属于常模参照性测验。标准参照性测验和常模参照性测验的主要区别在于：标准参照性测验的目的是衡量知识技能的掌握情况，常模参照性测验的目的是将考生排队进行甄别和选拔；标准参照性测验的成绩表示考生掌握知识技能的程度，如百分制成绩表示学生所掌握的知识占应该掌握知识总量的百分比，常模参照性测验的成绩表示考生在参试团体中的位置，其成绩通常是以标准差为单位计算的；标准参照性测验不要求成绩呈正态分布，常模参照性测验则要求成绩呈正态分布。

三、高中生物学教学的评价技能

中国是世界上最早采用考试的办法进行教育评价与人才选拔的国家，西汉武帝设太学之后，已经形成了相应的国家考试制度。隋唐时期科举制度的发展进一步推进了考试制度的形成与普及。清朝末年废除科举，传统考试制度也逐步退出历史舞台。随着西方学校制度进入我国，西方式的考试在中国逐步发展起来，特别是 20 世纪 70 年代末恢复高考以后，考试更是教育领域极其普遍的现象，市场经济的建立更使考试拓展到需要人才选拔、任用、考核的所有领域。综合而言，生物学教学评价技能主要包括形成性评价技能和终结性评价技能。

（一）高中生物学教学形成性评价的技能

20 世纪 20～30 年代，人们基本上只把学习评价的功能锁定在确认学习效果上。在科学理性思潮的影响下，评价似乎就是测量。如何进行测量，如何将被测量的行为加以量化，如何设计有效的测量工具，保证量化测量工具的客观性和可信度，是人们关注的重点。20 世纪 30～40 年代以后，受泰勒等人的影响，评价被看成是对目标和表现的吻合程度的确认。提出合理的教育目标并加以科学的分类，并以此为标准来衡量教学达到的水平，成为这一时期的焦点。到了 20 世纪 60 年代，评价对教学的反馈作用开始受到注意，人们开始注意到评价过程与教学过程的交互影响，利用评价的结果来诊断教学中出现的问题、影响教学导向，评价的功能拓宽了。

从 20 世纪 70 年代开始，就有教育家批评以往的评价只注重学习的量的方面而忽视了学习的质的方面，要求从质的方面来评价学生的学习效果。到了 20 世纪 80 年代以后，人们更进一步认为，学习的质量不仅反映在学习的效果上也反映在学习的过程中，学习者投入学习时的动机和他所采取的策略及获得的效果是三位一体的。评价不仅应关注学习的效果，还应关注学习的情感动机和方式过程。学生在学习过程中表现出来的动机和情感态度，学生在学习过程中所采用的方式，都是一种动态的表现，采用终结性评价方式很难加以测量和评价，需要在学习的过程中同时了解反映学生学习质量的资料并加以评价。与此同时，人们还认识到，评价不仅是对学习结果的价值判断，还对学习的过程有明显的回流作用，导向学习过程的不断修正，成为促进学生发展的媒介。通过回流作用，评价的过程与学习的过程交织在一起，成为学生发展的必由途径。

问题探讨

形成性评价一般具有哪些重要特征？

1. 关注学习过程。学生在学习的过程中会采取不同的学习方式，不同的学习方式又会导致不同的学习结果。而现有的评价方法与评价工具，更多地侧重于对表层式学习方式所产生的学习结果的评价与测量，对于那些由深层式学习方式所导致的学习结果要么不予关注，要么无法评量，从而形成一个评价的死角。这是导致学生采用表层式或者成就式学习方式进行学习的一个重要因素。其结果是形成一个"表层（成就）式学习方式——低层次学习结果——表层（成就）式学习方式"的恶性循环。过程性评价却恰恰关注学生学习过程中的学习方式，通过对于学习方式的评价，将学生的学习方式引导到深层的方向上来。所以过程性评价很好地填补了上述评价死角。比如，过程性评价中的学生自评、互评的方法，可以使学生逐步把握正确的学习方式，树立正确的学习动机，掌握适合自己的学习策略，从而真正提高学习的质量与效果。其结果是形成"深层式学习方式——高层次学习结果——深层式学习方式"的良性互动。

2. 重视非预期结果。学生的学习过程是丰富多样的，不同的学生会有不同的学习经历，从而产生不同的学习结果。传统的目标导向的学业评价，将评价的目标框定在教育者认为重要的、十分有限的范围内，这种做法使得很多有价值的教育目标被忽视，评价导向的积极作用被削弱。过程性评价则将评价的视野投向学生的整个学习经验领域，认为凡是有价值的学习结果都应当得到评价的肯定，而不管这些学习结果是否在预定的目标范围内。其结果是，学生的学习积极性大大提高，学习经验的丰富性大大增强。这正是现代教学所期待的最终目标。应当指出的是，过程性评价也会对学习的结果进行评价，与传统评价所不同的是，这里的结果是过程中的结果，并且其评价标准不是预设的，而是目标游离和价值多元的。例如，学生自己的一些非正式的学习活动，如与人谈话、浏览网页、看电视或者阅读一些教师所列书单上没有的书籍等，都可能引发新的思考，这些新思考往往成为新思想、新发现的重要来源。

新的评价理念要求在学习的过程中了解反映学习质量的资料，通过资料使评价与学习过程整合成为促进学生发展的途径，换句话说，在学习的过程中评价，促进评价过程和学习过程的融合。这种倾向于"过程"与"发展"的价值取向，是过程性评价的理念基础。

1. 高中生物学教学评价的价值取向

《普通高中生物课程标准（实验稿）》明确指出，"评价是教学过程中不可缺少的环节，是教师了解教学过程，调控教学行为的重要手段。教学评价的目的不仅在于评定学生的学业成绩，更重要的是在于了解学生的学习状况、发现教学中的缺陷，为改进教学提供依据。评价应以《普通高中生物标准标准（实验稿）》为依据，根据课程目标和具体的教学目标进行，要客观、公正、合理，要从促进学生学习的角度恰当地解释评价数据，以增强学生的学习自信心，提高学习生物学的兴趣，激发学习的动力。评价的内容应符合《普通高中生物课程标准（实验稿）》的要求，兼顾知识、能力、情感态度与价值观等方面"。这体现了生物学教学评价的"多种价值取向性"，不仅重视"目标取向性"和"过程取向性"，更重视"主体取向性"。

教育评价的发展史上出现过三种价值取向，其演变揭示出教育评价从"关注评价者的主观需要出发"向着"关注被评价者的素质发展"的方向转变。生物学教学价值取向的正确与否决定着人们正确评价观的形成，也决定着怎样正确发挥评价的功能。

（1）目标取向评价。

这种价值观以预定的教育目标为衡量教学质量和效果的唯一的参照标准。而预定的教育目标又仅仅限于知识和技能两方面的目标。在评价过程中所追求的主要是对被评价者的有效控制和改进，评价者常处于权威的地位，评价者和被评价者是对立的。在评价方法上简单采用"量化"的方法，单纯追求评价的客观性、准确性和科学化。目标取向评价虽然能够将社会需求纳入教育目标，并制约评价的目的和方法，用具体的目标来检测教育的效果和质量，但是这种评价的价值取向存在严重的缺陷。例如，它比较忽略人的行为主体性、创造性和不可预测性，比较忽略对学生、教师发展的关注和促进，比较忽略学习过程或教学过程本身的价值，缺乏对过程的评价，而且很难测量人的高级心理过程。

（2）过程取向评价。

过程取向评价重视学习过程和教学过程的价值，注意通过教育评价反映学习过程或教学过程的面貌。它将师生在课程开发、实施和教学运行过程中的全部情况都列入评价的范围，认为凡是具有教育价值的活动，都应受到评价者的重视。这种评价的价值观强调评价者与被评价者的交流，对人的主体性和创造性给予一定的尊重，评价的结果能够在一定程度上反映学生或教师自身发展的情况。过程取向评价还在评价方法上提倡量化测量与定性描述相结合的方法，注意克服单纯量化方法的缺陷。过程取向评价纠正了目标取向评价的缺点，注重学习过程或教学过程的价值，注意被评价者自身进步发展的价值。但是这种评价的价值取向仍然没有完全摆脱目标评价的影响，尤其是评价者仍然处于权威的位置，被评价者仍然是被动地接受评价。

（3）主体取向评价。

主体取向评价重视被评价者的主体价值，将被评价者作为评价的主体，强调评价者与被评价者平等交往，强调被评价者对评价过程与结果的认同，主张通过评价使被评价者获得充分的个性发展。主体取向评价认为教育评价是评价者与被评价者共同构建意义的过程，在评价过程中，评价主体应该体现出自己的反思意识和能力，实现被评价者的自我评价。主体取向评价不主张定量评价，主张定性评价，强调民主参与、价值多元、尊重差异。在主体取向评价的价值取向中，被评价对象的能动地位得以确认，通过评价促进被评价者发展的意向被放到重要地位。但是这种评价在强调被评价者主体价值的同时，基本忽略教育目标在评价中的作用，这也是不可取的。

2. 形成性评价的类型

（1）依据评价主体划分，可以将形成性评价分为学生自评、同学互评和教师点评三类。

形成性评价中的学生自评、同学互评，是指在一个阶段的学习结束时，学生对于自己和他人在学习过程中的学习方法、学习态度进行的自我反思与相互评价。教师点评则是对学生自评、互评过程中表现出来的突出的事例进行的引导性评价。这样的评价也关注学习结果，但它对于结果的关注是基于价值多元原则的，它给非预期学习目标预留空间。例如，有的教师引导学生将教科书上以及教师所讲的内容中未完全理解的部分记录在"问题本"上，课后通过图书馆以及上网查阅相关信息的方法，弄懂"问题本"上的问题并学到许多课堂上和书本上没有的知识。这正是在学生的学习过程中形成的、有价值的、非预期的学习结果。除了有利于形成良好的学习习惯与学习动机以外，这样的评价方式还有利于学生形成评价自己与评价他人的意识与能力，这也是终身学习所需要的。

（2）依据评价层次来划分，可以分为教师对小组的评价和小组对于个人的评价。

这样的评价方式是在教学的过程中进行的"嵌入式"过程性评价，通常采用竞赛的方式来进行。例如，先将全班分为若干个学习小组，或者利用原来的自然分组将学生划分为不同的"学习共同体"。教师事先明确竞赛规程：各个小组在课堂上提出问题、回答问题的次数、质量如何记录、如何评定；各小组课堂表现情况的汇总办法；模块或者学期结束时的评定与奖励办法等。在这种两层级的评价过程中，教师只评定到小组，最后在一个阶段学习结束时，通过小组内部的同学互评的方式再评定到学生个人。其特点是：教师没有太重的评价负担，符合我国大班教学的实际。另外，由于采用竞赛的方式进行，学生参与的积极性也较高，有利于增强课堂教学的效果。实施这类评价应当注意的问题是：评价的频度要适当，否则记录负担过重，影响学生的学习。

（3）依据评价的规范程度来划分，可以分为程序式评价与随机式评价。

程序式形成性评价通常指在一个学习阶段结束时，教师组织的旨在反思与评定学生的学习过程的评价。作为一种事后的形成性评价，程序式评价有以下几个特点：一是有相对集中的时间与合适的场地。可以在一个模块学习结束后进行，也可以在一个学期结束后进行；可以每个模块都实施这样的形成性评价，也可以只在部分模块中实施。二是评价过程会有相应的记录。例如，形成性评价量表、小组互评记录、教师评语等。三是评价的结果会用做学生阶段学习成绩的评定依据。随机式评价则没有相对固定的时间、地点与完整的评价程序。它通常是在教学的过程中进行的，不作评价记录，其结果也不用做对学生进行总体评价的依据。教师在课堂中对于学生表现的一句表扬或批评、一种肯定或否定，甚至一个眼神、一个动作，都引导着学生的学习与思考，规范着学生的学习行为与学习方式。所以，随机式评价是与教学融为一体的。上述两种评价方式各有特点，前者可以发挥学生的主观能动性，使学生在评价中学会评价，但耗费的时间多，师生的评价负担重。后者则有利于发挥教师的主导作用，且方式灵活，有利于教学的组织，但学生较为被动。所以，通常两种评价方式需要结合起来使用。

（4）依据具体的评价方式来划分，可以有轶事记录、课堂观察、成长记录、个别交流、态度调查、辩论演讲、作文比赛、模型制作等。

由于任何一种评价方法与评价工具都不能完全评价出一个学生的全部素质与能力，各种评价方式对学生的评价视角又各不相同，所以对于学生学习的过程性评价，应当尽可能地将各种方法结合起来使用。对于不同的学科内容和学生群体，可以选用不同的方法。例如，有的生物学教师推行了"课前2分钟说故事"活动，具体做法是让学生都作好讲故事的准备，内容是根据报纸、电视或网络上的生物科学新进展进行。然后教师随机抽取一个学生作演讲，演讲的质量当堂评定，作为小组的成绩。实践表明，这种方式极大地调动了学生学习的积极性，学生通过讲故事的准备，在课外收集了大量的材料，学到了许多知识，同时也增强了信心与勇气。

3. 形成性评价的方式和工具

国外用于形成性学业评价的方法很多，但不是所有的方法都适合于我们的国情。因此，本着形成性评价应该渗透在教学过程之中，应该能够体现评价主客体间的相互作用，能够使学生通过评价学会评价，从而为终身学习奠定基础，能够体现对学生的动机态度、过程与效果进行三位一体的评价的指导思想。探讨初中生物学的评价改革（包括终结性评价与形成性评价）是一项评价的整体改革，其中的重点之一是过程性评价的方式与工具。

（1）评价方式应重视小组评价。

所谓小组评价，是指在规定的时间内，以学生学习小组为单位，以一定的评价程序和评价标准来实施的相对正式的形成性学业评价。

以小组为单位实施的形成性评价，有如下几个特点。

有较为正式的评价程序，是一种程序性的形成性评价。例如，有的教师组织的小组形式的形成性评价的基本程序是：被评价学生的自我陈述（一般不超过5分钟）；被评价学生展示自己的学习成果；同组学生依据评价表所列各项评价内容评议该同学，并提出学习建议；整理评议内容，抄写在评价表上（可以在所有的学生评议完以后再抄写）；小组学生根据评价情况，从"情感态度价值观""能力""知识"三个方面分别给一位学生评定一个等级成绩；小组长综合小组同学意见，确定该同学的最后评定等级。除此之外，第一次实施小组评价的班级还会得到教师的具体指导。在时间允许的情况下，小组评价之后，还有学科教师组织的评价小结，主要总结小组评价中一些好的事例与做法，例如，好的学习经验、好的评价方法等。这样可以引起学生对于形成性评价的重视，从而认真对待形成性评价，并从中学会评价。

有较为全面的评价目标，也可称之为整体目标的形成性评价。例如，上面提及的那位教师的过程性评价表中，将评价目标划分为三个维度，即知识、能力、情感态度与价值观。每一个评价维度又进一步细分为若干个小的目标。这对于全面评价学生，从而正确引导学生全面健康成长是有益的。

有正式的评价记录，所以我们又可称之为记录式的形成性评价。小组评价的结果，都记录在形成性评价表上，这些评价表中记录着学生的综合学习表现，可以作为学业成绩的重要依据。它对于革除传统学业评价只重测验结果，忽视学习过程、学习方法、学习态度等弊端，有着重要的价值和意义。

评价的可信度相对较高，这也是小组评价的一个最为重要的特征。由于形成性评价需要有较多的评价目标，这些目标多涉及纸笔测验不可测量的内容，要评价这些目标，需要长期、大量的观察。所以对于上述目标，教师要想对全班甚至几个班级的几百名学生逐一评价，是完全不可能的。而学生对其同伴的了解则比教师的了解要容易得多。采用小组评价的方式实施形成性评价，就很好地解决了教师评价视阈狭窄的问题。

（2）评价工具应开发形成性评价表。

一般来说，编制一份形成性评价量表，应该注意以下几点：一是评价的内容以模块测验中无法评价的内容为主，即主要评价学生的学习过程、学习方法与学习态度；二是评价的主体兼顾教师、学生与同学；三是评价的方式分为等级评定、资料呈现与文字描述三个部分；四是评价目标力求明确。生物学教师在开发形成性评价表时容易存在一些问题，如评价目标还略显烦琐，即评价目标过多，这样会加大师生的评价负担，个别评价目标的界定欠准确，如"自信、勤奋、坚毅"似难以归入"情感态度价值观"这一范畴。作为一种形成性评价的工具，形成性评价表具有提供评价依据与记录载体的重要功能。它使得形成性评价成为一种正式的、有影响力、有约束力的学生自我评价和同学互评的过程，对于规范学生的评价行为，提供学生自我评价和同学互评的环境与氛围，从而为帮助学生学会评价创造了有利条件。但作为一种评价工具，形成性评价表的开发有一定难度，主要表现在评价目标难以把握：若评价目标太多，会增加评价负担；评价目标太少，又会影响评价的全面性与公正性。此外，评价目标的合理界定也是一个需要认真研究的问题。

4. 形成性评价的优势和局限

（1）形成性评价的优势。

全面。无论从评价的价值取向，还是从评价的内容方法上看，形成性评价的理念更为全面，也就能更全面地发挥评价的各种功能。形成性评价既注意标准又注意过程，不试图用过于刻板的标准来衡量所有的学生，而是通过学生在学习过程中的表现去判断每位学生的学习质量和水平，符合人的多元智能的实际，有利于激发学生的学习动力和自信心。

及时。形成性评价是与教学同时进行的共时性评价，评价和教学相互交叉和融合，教师与学生民主互动和协商，能及时地反映学生学习中的情况，有利于及时地肯定学生的成绩，引导学生的学习和发展方向，及时地发现存在的问题和不足，改错纠偏。

灵活。过程性评价不过分追求目标的标准化和方法的规范化，不过分追求评价的客观性和精确性，不过分追求评价环境和程序的正规和严肃，有利于学生充分展示才能。

深入。形成性评价采用包括质性评价在内的各种评价方式，从学生本身、从同辈伙伴、从教师家长等不同的角度获得评价信息，不像传统的评价只能测量可量化的、相对来说属于浅层次的学习效果，它可以深入到学习的不同方面和不同层次，可以从不同的视角对学习进行描述和评价，对学习质量的评价层次更高也更深入了。

可持续。形成性评价不是间歇式地进行，而是贯穿于学习的始终，在学习之前、之中、之后都不间断地进行着。

随着评价理念的逐步树立和对评价方法的逐步掌握，学生将评价作为学习的一部分，作为自己生命活动的一部分，成为促进自己终身学习和终身发展的重要手段。

（2）形成性评价的局限。

由于形成性评价更多地采用了开放的、即时的评价方式，特别是对情态领域和学习过程的评价，评价所收集的资料和判断的标准可能都会因时而变、因人而异，就是对学习表现和效果而言，如果采用的是质性的方法，其标准也无法做到统一，其评价的过程和程序无法做到规范。

当社会需要按一定的标准和规范来衡量教学的效益和学习的成果时，评价的公平与公正是非常重要的原则。而形成性评价由于较多地带有参与者（包括评价的主体和客体）的主观性和个别特征，很难证明评价的公平与公正，是否被社会所接受也就成为一个问题。

形成性评价贯穿于学习和教学过程的始终，那么评价的强度多大才恰当，比较难以把握。如果过于强调评价，或评价的分量过重，很容易导致评价的过于频密烦琐，直至学生和教师不堪其烦。

伴随形成性评价方式产生的还有许多新颖的评价工具，这些评价工具同样有着明显的缺陷。如消耗的时间过多，评价的视野不稳定等。如果不注意把握好形成性评价的实质而只是热衷于这些工具的使用，很可能导致评价的形式化。前两个问题是由于评价方式本身的局限而引起的，后两个问题是由于形成性评价相对较难把握，容易造成运用不当带来的。不管怎么说，都是值得注意的问题。

（二）高中生物学教学终结性评价的技能

生物学教学的终结性评价是对一个学段或一个生物课程模块教学质量的评价，其目的是对学生阶段性学习的质量做出结论性评价，表现形式是给学生下结论或者给出分数等。考试或测验是终结性评价常常采用的方式。

一般认为，考试是根据一定的考核目标，让受试者在规定时间内，按照规定的方式、要求来解决问题，并对其结果进行等级评定和记分，从而检验受试者成绩的过程。按照考试的形式划分，考试可分为口试、笔试和操作考试三种。笔试又可分闭卷考试和开卷考试两种。

测验则可分为广义与狭义两类，广义的测验也叫测试，与考试的概念差不多，有时使用的更为广泛一些。狭义的测试是一种比较规范的测量，也是评价的一种手段，它是指在可控制的条件下，根据某种客观的标准制订的有多个问题组成的用以鉴别能力或其个别差异（如学业成就、人格、智力等）的工具。

由此可见，考试与测验都只是评价工具，考试与测验本身并不是目的，就像我们用米尺量身高，用秤测量体重的过程一样。

普通高中生物课程标准明确提出要善于利用纸笔测验，检测学生知识性目标的达成。普通高中生物课程标准认为，纸笔测验仍然是教学过程中最常见的评价方式之一。

这表明生物学终结性评价既是一种有效的评价方式，也是一种需要改革的评价方式。终结性评价技能主要包括试题命制技能、试卷编制技能、评价数据的统计与分析技能等。

1. 高中生物学试题命制的技能

笔试在新课程的学习评价中仍然具有重要意义，是纸笔测验的主要形式，许多学校和地方制订的生物学习评价方案中纸笔测验的成绩占总成绩很大的比重。进行笔试的核心任务是编制考试双向细目表、命题和编制试卷。

（1）命题原则。

生物学命题一般应该遵循以下原则。

取样有代表性，能覆盖全部或大部分内容。一般要覆盖课本内容的90％以上。取样时要注意选取各章节的重点知识和技能，注意不要选取偏、冷的知识点。

水平性考试难度有一定分布范围。通常一般难度的题目要占50％，中等难度的题目占40％，比较难的题目占10％。控制难度时还要注意不要出偏题、怪题。选拔性考试的难度可以根据实际情况而确定，一般比水平性考试要难一些。

文字叙述浅显易懂，而且简单明了，使学生一看就明白，以减少不必要的丢分。

各题彼此独立，不能有相互暗示的作用。

除去开放性试题外，其他各种试题的答案应该具有唯一性，避免对阅卷产生干扰，影响评分的公正性。

注重考核学生应用基础知识和基本技能解决实际问题的能力。

题型应该灵活多样。

（2）常见题型。

①选择题。选择题属于一类再认性试题、客观性试题，学生记忆负担小，但题量大，覆盖面广，评分客观、准确、快速。选择题是各国教学评价常用的试题，尤其是标准化考试往往习惯采用选择题。选择题的功能是测试学生的理解能力、应用能力、判断能力，也可测试学生对知识原理的再认型识记。但是选择题也有较大的缺陷，它一般难以测量学生的思维过程和综合、归纳、表达等能力。因此测试的功能也是有限的。如果长期单独采用选择题考核学生，将会影响学生这些能力的发展。

选择题结构由题干和备选答案两部分构成。

选择题的题干一般由问句或类似填空题的陈述句构成，如"下列结构中不属于反射弧组成部分的是（　　）"。设计选择题的题干应该达到下列要求：

文字简洁。防止存在语言啰唆，使学生难以理解题意。如下题：

人在拔牙或其他手术时，往往需要在相应部位注射局部麻醉药，使该部位感觉不到疼痛。这是因为麻醉药能（　　）

A. 阻断了传入神经的兴奋传导　　　B. 抑制神经中枢的兴奋

C. 阻断了传出神经的兴奋传导　　　D. 抑制效应器的活动

在上述题目中，题干不必又提"拔牙"又提"其他手术"，既然提了"在相应部位"就不必要再提"局部麻醉药"，对高中生而言也没有必要又说麻醉药，又说"使该部位感觉不到疼痛"等。这题中的题干可以简练为"人在拔牙时，为减少疼痛往往需要在相应部位注射麻醉药。这是因为麻醉药能（　　）"。这样可以省去学生阅读题干的时间，将思考集中于考核的问题上。

用词准确。题干的用词应不使应试者的理解产生歧义。例如，上题题干中既有"或其他手术"，又在后面说"往往需要在相应部位注射局部麻醉药"，其中可能产生科学性错误。因为，如果"其他手术"指的是腹部大手术，那么麻醉就不可能是"局部"的了。

科学性强。上面那道题表明用词不准确可能会产生科学性错误。同样，由于对生物科学知识了解不够或过分依赖中学教科书，也会使题干的科学性不强。如下题：

将口腔上皮细胞放置在一定的条件下观察，发现细胞近圆形，细胞质均匀，细胞核明显，细胞膜边缘平滑。该细胞的放大条件是（　　）

A. 光学显微镜　B. 放大镜　C. 透射电子显微镜　D. 扫描电子显微镜

将口腔上皮细胞的放大条件确定为光学显微镜，从高中生物学实验的角度看似乎是正确的，但它违背了生物科学的事实，因为透射电子显微镜等也能使口腔上皮细胞实现放大，所以从生物科学角度看这道题目有一定的科学性错误。

选择题的备选答案由供学生选择的可能答案构成。其中，单项选择题的备选答案中只能有一项是正确选项，多项选择题的备选答案中可以有两项以上是正确选项。设计备选答案的要求有：

形式尽可能一致。比如字数、所用语词的词性等都要尽量一致。如下题：

人体体温调节的神经中枢位于（　　　）

A. 下丘脑　　B. 垂体　　C. 脊髓　　D. 大脑皮层

这道题的四个备选答案字数基本相同，词性都是名词，而且都是人体的结构名称，符合命题的要求。

内涵要相互独立。备选答案彼此独立可增加其干扰性。如下题：

绿色植物光合作用的场所是（　　　）

A. 叶片　　B. 叶肉细胞　　C. 叶绿体　　D. 叶表皮细胞

这道题的四个备选答案相互之间独立性不够，叶片、叶肉细胞、叶绿体概念的内涵有部分重合，学生难以确定正确的选项。

文字应严谨科学。备选答案严谨的科学课让学生一目了然。如下题：

（多选）对于高热不退的病人，可以采用一些辅助治疗措施来降低体温。下列措施中正确的是（　　　）

A. 加盖棉被以增加排汗量　　　　B. 额头上敷冷毛巾以降低体温

C. 酒精棉球擦拭四肢以降低体温　　D. 适当撤减衣被以增加散热

这道题是一道多选题，它的备选答案 A、D 的描述有些相互矛盾，不够严谨。学生可能会想：既然加盖棉被可以增加排汗而降温，那么适当撤减衣被也可增加散热而降温，到底应该多盖被呢还是撤减衣被呢？无法判断应该舍弃哪个答案。

正确答案要唯一。备选答案不能模棱两可，含糊不清。如上述有关绿色植物光合作用场所的试题中，A、B、C 三个答案都可以说是光合作用的场所，学生不知道选哪一个好。

在选择题的命题中还要注意避免使用否定式，必须使用时应该在否定词语上加鲜明标志，避免学生出现不必要的错误，一般不测试非必要的推理和计算，以免影响学生的答题速度等。

②判断题。判断题是用于测量学生的分析能力、比较能力、鉴别能力，以判断学生对正确叙述、生物科学事实、概念和术语的理解情况的一类试题。但判断题也有缺点，因为正误的比例为 50%，学生可能会凭猜测答题，此外它也不能有效测量综合、归纳、表达能力等。判断题的命题也要注意相关事项。

题意应该明确清晰，使学生容易理解。如"细胞的结构包括细胞膜、细胞质、细胞器"的叙述，因为没有强调是动物或是植物或是细菌，所以学生就有可能产生思维混乱，对考核概念是否掌握不利。

避免死记硬背，或检测不重要的记忆情况。如"胰岛素的 β 链含有 31 个氨基酸"显然要考核学生是否记得胰岛素的两条链各含有多少氨基酸，与课程标准的要求并不吻合。

避免使用否定式。因为学生在紧张时容易看错题，按照肯定式来判断，此时试题并没有反映学生的真实情况。如"有氧呼吸不是在线粒体中进行的"就属于这样的试题。

试题语句要简洁，语法要正确。一般来说，除非概念之间有因果联系，判断题中不应该出现两个或两个以上的概念。如"胰岛 B 细胞分泌的胰岛素也能促进骨骼和肌肉的生长发育、蛋白质的合成与贮存"这道题就不很简洁，其中包含了多个命题，干扰了学生的判断。

③填空题。填空题主要用于测量学生对基础知识，特别是重点知识的掌握情况，包括对重点知识的理解、应用和记忆的情况。填空题的命题有其独特的要求。

填空题的题意要明确，句法要完整，反之学生难以作出正确的回答，如"生物体_____能量主要靠_____"这样的题目，因为句法不完整而无法回答。填空题的空格部分应是重要的关键的词语，应经过思考才能填出。试题"当甲状腺机能减退时，甲状腺激素分泌_____，神经系统的生长发育会受到影响"中要学生填写的空格处可以填"不足"，也可以填"减少"等，所填内容也不是重要概念。

填空题的答案要唯一。如"在特异性免疫中发挥作用的是_____"这道题的答案不唯一，可以填"淋巴细胞"，也可以填"B 淋巴细胞"或"T 淋巴细胞"，这给学生的回答和教师的判分都带来困难。

避免在填空题的其他部分暗示答案。如"在特异性免疫中发挥作用的是_____，包括_____和 T 淋巴细胞。"题目中的"T 淋巴细胞"有暗示另外两个空格填写"B 淋巴细胞"和"淋巴细胞"的意思，因而这道题妨碍了对学生真实情况的考查。

④填图题。填图题可以考查学生构建于表象基础上的思维、应用等能力。填图题的结构应该由题干、图、填写空格构成。有些教师命填图题时只给出图和空格，不出题干，致使学生回答时不知道题目的要求是什么。填图题的命题要求是：题干清晰正确、简单明了；绘图要准确科学；图注线要指示准确。

⑤匹配题。匹配题是用于评估学生鉴别科学知识之间相互关系的能力。这种能力是学生建构知识结构所必需的。匹配题由前提和匹配选项两部分组成。答题时学生从选项中选出能够最佳匹配前提的选项，或者将不同的选项与对应的前提相互匹配起来。如下题：

把下列细胞类型和细胞结构、结构的功能用直线连接起来。

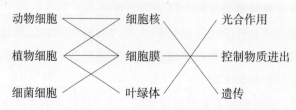

高中生物教师专业能力必修

Gao Zhong Sheng Wu Jiao Shi Zhuan Ye Neng Li Bi Xiu

⑥简答题。简答题是学生用知识要点的形式回答的一种主观性试题，它可以较好地考查学生对生物学知识和技术的分析、综合、归纳、演绎等能力以及设计、语言表达等能力。简答题主要测量学生的理解情况，同时也用于测量学生对于重要生物科学概念、原理的记忆情况。由于简答题的答案需要学生通过自己的思维和记忆组织归纳，答案的准确程度与阅卷人的判断有一定的关系，所以它与选择题、判断题、填空题等客观性试题不同，属于主观性试题。目前的高考命题中主要采用"选择题"（客观题）和"简答题"（主观题）两类题型。

简答题的命题要求包括：

用词准确，语句完整，题意清晰。这样才能使学生迅速把握题目的要求。如"细菌的原核有什么特殊的地方"，这道题语意就含混不清，学生很难搞清楚"有什么特殊的地方"是指"原核的结构"还是"原核的功能"有什么特殊的地方，这不符合简答题的命题要求。

题目中要注意避免出现明显提示性的词语。简答题一般比较长，且分为多个小题，小题之间容易产生相互提示的负影响，如"从有无核膜看，为什么细菌属于原核生物"这道题中，"从有无核膜看"就属于一种明显的提示，这样的试题有可能不能考察出学生的真实情况。

主题范围宜小，题意要尽量集中。简答题中的每个小题的题意应尽量集中。例如，"异养和自养的不同点是_____，它们和光合作用的关系是_____"，这道小题中问了两个问题，主题不唯一，题意不集中，不符合简答题的命题要求。

如果命题人能注意简答题的命题要求，就能命制出好的试题。例如，2009年上海生命科学试卷第33题：

图1是两种高等生物细胞亚显微结构模式图。图2～4是图1中部分结构的放大，据图回答。（[   ]内填图中标号，_____上填适当的文字内容）

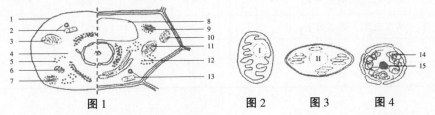

图1   图2   图3   图4

（1）图中的结构1～15中不应该出现的是[   ]和[   ]；可能含有水溶性色素的是[   ]；结构15与[   ]的形成有关。

（2）图2、3、4所示在结构上的主要共同点是_____。图2、3所示结构的名称分别是_____，在其中进行的循环Ⅰ、Ⅱ的名称分别是_____。图3所示结构产生的气体从产生部位扩散到相邻细胞中被用于细胞呼吸，至少需要穿过的磷脂分子层有_____层。

（3）已知进行有性生殖的某生物同时具有图2、3、4所示三种结构，这三种结构中的 DNA 能从父本传递给子代的是_____。

⑦实验分析题。实验分析题是考查学生运用生物科学原理对实验资料进行分析综合和判断推理的能力的一类试题，答题的形式可以是选择、判断，也可以是简答、论述。实验题一般属于主观性试题。实验题的命题要求是：简练准确叙述实验的概况；实验数据资料详细明了，一般最好用表格、统计图等形式，使学生一目了然；提出的问题简洁清晰；当有多个问题时，问题之间相互独立，不要重复或相互干扰。如下题：

在一些性状的遗传中，具有某种基因型的合子不能完成胚胎发育，导致后代中不存在该基因型的个体，从而使性状的分离比例发生变化。小鼠毛色的遗传就是一个例子。一个研究小组，经大量重复实验，在小鼠毛色遗传的研究中发现：

A. 黑色鼠与黑色鼠杂交，后代全部为黑色鼠。

B. 黄色鼠与黄色鼠杂交，后代中黄色鼠与黑色鼠的比例为 2：1。

C. 黄色鼠与黑色鼠杂交，后代中黄色鼠与黑色鼠的比例为 1：1。

根据上述实验结果，回答下列问题：（控制毛色的显性基因用 A 表示，隐性基因用 a 表示）

①黄色鼠的基因型是_____，黑色鼠的基因型是_____。

②推测不能完成胚胎发育的合子的基因型是_____。

③写出上述 BC 两个杂交组合的遗传图解。

再如，下表是豌豆杂交组合的实验统计数据：

亲本组合		后代的表现型及其株数			
组别	表现型	高茎红花	高茎白花	矮茎红花	矮茎白花
甲	高茎红花×矮茎红花	627	203	617	212
乙	高茎红花×高茎白花	724	750	243	262
丙	高茎红花×矮茎红花	953	317	0	0
丁	高茎红花×矮茎白花	1251	0	1301	0
戊	高茎白花×矮茎红花	517	523	499	507

据上表回答：

①上述两对相对性状中，显性性状为_____、_____。

②写出每一杂交组合中两个亲本植株的基因型，用 A 和 a 分别表示株高的显、隐性基因，B 和 b 分别表示花色的显、隐性基因。

甲组合为_____×_____

乙组合为_____×_____

丙组合为_____×_____

丁组合为_____×_____

戊组合为_____×_____

③为最容易获得双隐性个体，应采用的杂交组合是_____。

⑧开放性试题。该类试题往往有多个答案，而且不同能力的学生，不同背景的学生或不同经历的学生往往会提出不同的答案。开放性试题对于考核学生发散性思维水平、解决实际问题的能力都有重要的作用，特别是对于测量学生的分析、综合、评价等能力非常有用。例如，"在探究酵母菌种群大小动态变化的活动时，最后画出的动态曲线图不会完全相同。你认为这是什么原因造成的"，这道题就可能有几个答案，如环境温度、环境 pH 以及酵母菌的活性等都可能会影响曲线的变化。不同的学生因为具体操作的不同就会得出不同的答案。

生物学命题是一项十分复杂和艰难的工作。在编制试题时，无论是题干、选项，还是测试的内容及答案的设计，都会有因缺乏缜密的思考而出现漏洞的可能。这类疏漏会影响考生的思维，形成测量的误差。例如，某生物学试卷中的一道题就曾因命题编制存在缺陷而对应试学生产生不良影响。试题如下：

根据下列南极食物网图回答下列问题：

该题的问题是：假设由于某种原因大鱼全部死亡，试问对磷虾的数量有何影响？

上述这道题的编制存在一定的问题，试题的答案是"磷虾数目增多"，但"磷虾数目减少"也是试题的正确答案。上述案例中的试题在内容设计上属于杜撰类型，因而容易发生错误。同时，该题采用了诸如大鱼、小鱼这样模糊的名词，使问题的分析丧失了科学性，答案的设计也有错误。其实，如果该题的编制能以真实的南极生态环境中的食物网为前提，以现实的生态问题为材料，让考生发挥发散性思维进行分析而获得答案，则可能是一道很好的题目。

2. 高中生物学试卷编制的技能

纸笔测验是一类用书面方式做答的评价方法，包括传统的笔试、教学测量、能力测量等多种形式。对于学生学习来讲，主要是考核知识技能的笔试和能力测量。对于笔试来说，常用的评价工具有指导试卷编制的双向细目表和试卷；对于能力测量来说，评价工具主要是测量量表。

（1）双向细目表。

双向细目表是命题、编制试卷的蓝图，它具体规定各部分教学内容考核的目标和要求，规定了各部分考核内容应该占的权重或分值（如下表）。

"生物个体稳态"单元考试双向细目表示例

教学内容	教学目标			
	知识	能力	情感	合计
人体的稳态	13	15	15	43
人体生命活动的调节	6	8	6	20
动物生命活动的调节	5	6	5	16
植物生命活动的调节	7	7	7	21
合　计	31	36	33	100

从表可以看到，"双向"中的"一向"是教学目标，另"一向"是教学内容，两向交叉处是权重，这样就详细规定了某一单元或章节不同教学层次应该占多少分。有的"双向细目表"还在交叉处列出题型，便于教师根据它进行命题和试卷编制。

（2）能力测量量表。

能力测量量表是由被测量的能力要点和测量观察指标体系以及相应的权重组成的评定量表（如下表），教师根据学生某一活动的表现，依据能力测量量表，可以直接对其结果作出评定。这种评定可以是描述性的，也可以是程度、等级或数值，分别称为定性量表、程度量表、等级量表和等值量表。

	评价项目	评价标准	满分	得分
基础性评价	过程性	1. 亲自参与探究活动，有自己的体验和感受。 2. 探究过程真实可信，有事实依据。	6分	
	科学性	1. 观点、内容、方法合理、正确。 2. 探究报告书写完整、规范（提出问题，作出假设，制订并实施计划，观察、记录实验现象，分析结果，得出结论等）。 3. 用词恰当，文字通顺。	10分	
	规范性	1. 版面整洁、书写规范，字迹工整。2. 学生自己动手做（写），经济、环保。 3. 用规范的纸张书写。	4分	
发展性评价	创造性	1. 独立观察思考，有自己的见解（提出有新意的问题、做出合理的结论）。 2. 探究实验设计新颖，有创意。 3. 表达形式灵活多样。	附加分＋评语	

（3）实作测验。

实作测验主要用于考核学生的实验能力、设计能力、制作能力等的评价方式。这些能力一般无法用纸笔测验考核，只能采用实作测验的方式进行评价。实作测验是对学生的实际操作进行观察、记录，并对操作能力做出判断。实作测验的工具包括实作测验命题和观察量表（如下表）。

实作观察量表示例

班级	姓名	学号	同组同学姓名		成绩
考核观察内容	测量指标		记分	测量指标说明	
操作规范	器械使用		0、1、2	符合规范	
	药品使用		0、1、2	符合规范	
	解离		0、1、2	取根正确，解离充分	
	漂洗		0、1、2	方法正确	
	染色		0、1、2	方法正确	
	制片		0、1、2	方法正确 注意压片	
	顺序		0、1、2		
	显微镜使用		0、1、2	会用	
	低倍镜下找到生长点细胞		0、1、2	多数人较快找到记2分，部分人找到且较慢记1分	
	高倍镜下找到分裂相细胞		0、1、2	此项较难，半数找到即可记2分	
	清理实验台		0、1、2		
	实验作业		0、1		
思维表达	有无想象		0、1、2	根据想象的意义记1分或2分	
	有无革新		0、1、2	根据革新（指操作方法）意义记分	
	课堂气氛		0、1、2	活跃记2分，一般记1分	
总分					

（4）真实性评价。

真实性评价是在真实的生活学习环境中评价学生表现的一种方式。它注重真实学习情境的展现，以评价学生在真实背景下学习所产生的重要感受、情感体验和解决实际问题的能力。真实性评价能够真实地反映学生在新的真实情境中应用知识和技术的能力。真实性评价具有情景化、整体化、元认知化、与课堂学习内容联系紧密、灵活性强等特点。

例如，在一次真实性评价中，教师先告诉学生热带鱼的生活条件，再给学生提供

5份不同的水样以及其他必需的工具和药品、器材。测试中，学生要解决两个问题：①5份水样中哪一份适合热带鱼生活？②怎样才能使其他水样也适合热带鱼生活？在这个评价中学生不仅要开动脑筋运用学过的知识回答问题，而且要进行实际操作来证明自己的回答是正确的，由此起到了纸笔测验所不能达到的作用。

再如，在学习过"生态位"等有关知识以后，可让学生观察生长在不同环境中的两种栎树叶的横切面，分析他们分别生活在什么样的环境中。这样，既考查了学生使用显微镜的技能，又考察了他们对相关生态学知识的掌握情况。

（5）表现性评价。

表现式评价是进行过程性评价的一种方式，它以学生自我表现的形式向他人展现其在科学知识、科学过程与方法、情感态度价值观等方面的变化。具体形式有小演讲、小辩论、小报告、作品展示、网页展示等。这种评价方式灵活多样，有利于学生积极主动地参与评价，有利于展示不同学生的特长，激发学生的学习积极性，也有利于学生及时发现自己存在的缺点和不足，及时矫正自己的不良学习习惯。

（6）编制试卷。

试题命好后，要经过试测和审查，通过审查的试题可以编制试卷。编制试卷应该注意以下事项。

试卷内容的取样和编排。试题取样要有代表性，以重点知识和重点技能为考核的主要内容。为了全面考查学生的学习情况，面向全体学生，所以试题的覆盖面要大，一般要达到90%以上。水平性考试在试题排列上要注意各部分内容的比例要适当，相同内容要适当归类，相同题型也要归类，不论大题还是小题都要由易到难，以利于学生思维。同时在编排印刷上要充分考虑学生读题、答题方便，尽可能减少不必要的障碍。

试卷难度的控制。控制试卷的难度是保证考试质量的关键，不同的考试试卷难度用不同方法来控制难度。水平性考试的整张试卷难度应控制在中等以下，控制的方法是通过调节不同难度试题的比例来实现。选拔性考试如高考，为了达到理想的区分度，以便对考生进行排队和选拔，一般要求绝大部分试题为中等难度，因为中等难度的试题区分度最大，难题的量应比较少。选拔性考试的成绩应呈正态分布。例如，江苏省普通高考生物科考试说明中规定，试题包括容易题、中等难度题和难题，比例约为3：5：2，即比较容易的试题要占30%左右，中等难度的试题占50%左右，比较难的试题只能占20%左右。

编制试卷指导语。试卷编制好后，要在卷头和各大题的开头设计清晰明了的指导语，以帮助学生了解考试或测验的目的、答题要求和规定。一般指导语包括几个方面：考试或测验的目的；答题的具体要求；各部分试题分数的分配；如果有答错倒扣分或猜题扣分等要求，要做显著的说明；是否开卷，是否允许使用教科书和其他答题工具；答案纸是否与试卷分开。

3. 高中生物学评价结果的统计分析

对学生学习考查所得到的原始数据必须经过统计分析，才能得到有价值的反馈信息。因为统计量能够揭示一组数据的规律性，如数据的性质、分布特征、差异情况等本质特征。常用的统计量有两类，一类是集中量数，一类是差异量数。

（1）集中量数。

集中量数描述一组数据的中心位置和集中趋势。常用的集中量数主要有算术平均数、中位数、众数等。其中用得最多的是算术平均数。算术平均数简称平均数，是所有数据的和除以数据的个数所得到的商。令 M 代表平均数，X_i 代表各个原始数据，N 代表数据的个数，则

$$M = \frac{\sum X_i}{N}$$

如一次测验中一组学生的成绩如下：

100　97　91　88　87　87　83　80　80　76　72　70　68　61　50

则 $M = \dfrac{100+97+91+88+87+87+83+80+80+76+72+70+68+61+50}{15}$

$=79.33$

平均数是非常重要的统计量，它是一个接近数据的"真值"的值。如我们要测量一个学生的实验操作能力，进行了多次测验，得到多个成绩，而这些成绩的平均数则是最接近他的真实能力的值。再如我们要想通过一次测验了解一个班级的学习情况，班上不同学生考了不同的成绩，最能反映班级整体情况的值就是该班的平均分。不过在统计平均数时要注意，不同质的数据不能求平均数。例如不同科目的考试、前后不同的非标准化考试的成绩不能求平均数。当对数据分组后，计算的方法更为简单。

（2）差异量数。

差异量数描述评价结果的分散程度和离散程度。集中量数必须和差异量数相结合才能反映一组数据的全貌。如下面两组数据的平均数都是70.9：

第一组：94　86　82　78　72　65　64　59　58　51

第二组：91　85　82　75　71　65　61　60　60　59

但是第一组中最大数与最小数的差是 43，而第二组中最大数与最小数只相差 32。这说明第一组数据之间的差异较大，而第二组数据之间的差异比较小。为了表达一组数据的差异情况，就需要差异量数。常用的差异量数主要有方差、标准差、差异系数等。

①方差。

方差是每个数据与该组数据平均数的差乘方后所算得的均值。常用 S^2 或 σ^2 表示。方差是度量数据分散程度的重要统计特征数。方差的计算公式是：

$$S^2 = \frac{\sum (X_i - \bar{X})^2}{N}.$$

其中 S^2 代表方差，X_i 代表各个数据，$\bar{X}$ 代表该组数据的平均数，N 代表数据的个数。

②标准差。

标准差是方差的平方根，常用 S、或 σ 表示。标准差的计算公式是：

$$S=\sqrt{\frac{\sum(X_i-\bar{X})^2}{N}}$$

方差、标准差的值越大，表明数据的离散程度越大，反之则说明数据的集中程度越大。方差、标准差是统计分析中最常用的差异量数，其中标准差还具有可加性。如中学生物考试的成绩在没有标准化的情形下是不可以相加的，也不能相互比较，但是如果以标准差为单位将两次成绩转换后就可以相加或比较了。

③差异系数。

差异系数是一种相对差异量数。在对数据进行统计分析时，有些情况下难以使用标准差直接衡量数据的离散程度，也不能对不同组数据的离散程度进行比较。例如，中学生物第一章用笔试测验学生的学习成绩，第二章则用实作评价的方式测量了学生的实验成绩。这两次测验所用的测量工具不同，因此两次成绩的标准差的单位不同，它们之间不可相加，也不可比较。再如，高二的生物测验成绩与初二的生物测验成绩即便使用标准差进行了转换，也不能相加或比较，因为两个样本的水平不同。因此要对上述情况下的标准差进行比较，就要采用差异系数进行比较。差异系数的计算公式如下：

$$CV=\frac{S}{M}\times100\%$$

其中 CV 代表差异系数，S 是标准差，M 是平均数。

应用差异系数，就能够对上述两种情况下的离散程度进行比较，比单纯应用标准差更能准确反映离散的真实情况，所以在教育研究中经常要用到差异系数。

（3）试卷试题质量的分析判断。

以平均数、标准差、差异系数等统计值为基础，就可以计算出许多标志试卷或试题质量高低的指标值。这些指标主要包括：

①难度。

难度是反映试卷、试题难易程度的指标。只有正确控制了难度，才能正确判断学生的学习情况。如果试卷或试题难度过高，只有少数学生能够解答，其结果是多数学生的能力水平并没有被考查出来，这些学生中的差异也没有被区分开来。反之，如果试卷、试题难度过低，绝大多数学生都能回答出来，他们之间能力的高低也不能真实地被反映出来，不能加以区分。所以难度是所有考试、测验必须关注的重要指标。难度值是用平均数来计算的。

$$试卷的难度值 P=\frac{全体考生的平均分}{试卷的满分}$$

$$\text{试题的难度 P} = \frac{\text{该试题全体考生的平均分}}{\text{该试题的满分}}$$

$$= \frac{\text{该试题回答正确的人数}}{\text{考生总数}}$$

难度的值域在 0~1 之间，难度值 P 接近 0 时表明题目很难，很少有人能够回答正确，而难度值 P 接近 1 时则表明题目非常容易，几乎所有人都能回答出来。难度值的高低与试题的区分度之间有着紧密的关系，当 P=0 或 P=1 时，试题没有区分度，而 P=0.5 时，试题的区分度可以达到最大。一般常模参照性测验的难度值 P 应该控制在 0.3~0.7 之间，而标准参照性测验的难度值 P 应根据达标率确定，一般应达 0.9 左右。

②区分度。

区分度是反映试题对不同学业水平考生鉴别程度的指标。而鉴别考生、对考生进行排队是选拔性考试的重要特点。所以选拔性考试（常模参照性测验）需要较高的区分度。区分度有多种算法，其中常用的算法有点二列相关法：

$$\gamma_{pb} = \frac{\bar{X}_p - \bar{X}_q}{S_t} \cdot \sqrt{pq}$$

其中 γ_{pb} 代表区分度的值（在这里即点二列相关系数）；$\bar{X}_p$ 为答对的连续变量的平均数；$\bar{X}_q$ 为答错的连续变量的平均数；p 为答对学生的比率；q 为答错学生的比率；S_t 为试卷总分的标准差。

区分度的值域在 0~1 之间。一般 $\gamma_{pb} > 0.3$ 的试题具有一定的区分能力，而 $\gamma_{pb} < 0.2$ 的试题则因区分度低下应该被淘汰，对于 γ_{pb} 在 0.2~0.3 之间的试题应该修订以后才能使用。例如，某次生物学测验的某道题在全班范围内（20 人）的作答情况见下表，则该题的区分度计算如下：

某道题在全班范围内的作答情况

学号	1	2	3	4	5	6	7	8	9	10	11	12	13	14	15	16	17	18	19	20
总分	84	82	76	60	72	74	76	84	88	90	78	80	92	94	96	88	90	78	76	74
某题对错	√	×	×	×	×	×	×	√	√	√	√	×	√	√	√	√	√	×	×	×

$$S_t = \sqrt{\frac{(X - \bar{X})^2}{N}} = 8.66$$

$$p = 10 \div 20 = 0.5$$

$$q = 1 - 0.5 = 0.5$$

$$\overline{X_p} = (84 + 84 + 88 + \cdots\cdots + 96 + 88 + 90) \div 10 = 88.4$$

$$\overline{X_q} = (82 + 76 + 60 + \cdots\cdots + 78 + 76 + 74) \div 10 = 74.8$$

$$\gamma_{pb} = \frac{\bar{X}_p - \bar{X}_q}{S_t} \cdot \sqrt{pq} = 0.785$$

③信度。

信度是反映试卷可靠性的指标。通常信度是通过判断先后几次考试结果的一致性，或将试卷拆成对等两半后两个半张试卷之间的一致性来加以判断的。判断的方法也是计算先后几次考试之间的相关系数，或对等两半试卷之间的相关系数，用相关系数来表示它们之间的一致性。所以信度包括再测信度、复本信度、分半信度等常见类型。用一张试卷测验两次，两次成绩间的相关系数就是再测信度；而 A、B 卷之间的相关系数是复本信度；两个对等半卷之间的相关系数则是分半信度。信度的值域在 0～1 之间。具有较高信度的试卷，其信度值应达到 0.9 以上。

④效度。

效度是反映一次测验是否真正测出了要测内容的指标。效度值能够反映测验成绩的有效与否，即测验是否反映了考生的真实情况。一般按照不同目的举行的测验，其效度也会不同。效度的值域在 1～−1 之间。当效度值等于 1 时，考试完全反映了考生的真实情况；当效度值大于 0 而小于 1 时，考试仅部分反映了考生的真实情况；当效度值等于 0 时，表明考试与考核内容无关，属于无效考试；而当效度值小于 0 时，表明考试结果与考核目的相反。

（4）生物学高考命题的趋势和准备。

高考是一种特殊形式的选拔性评价，它的主要目的在于选拔优秀的中学毕业生进入高等学校深造，但同时它也起着对中学教学质量的检验和调节作用。随着高中课程改革的推进，高考也必然要进行改革，必然向着适应高中新课程的方向变革。

①生物高考命题的趋势。

高中生物的教学围绕课程标准所规定的课程目标进行，生物学科的高考命题也必须以课程标准的精神为依据。随着高中课程改革逐步推进，高考命题也越来越明显地体现出改革的趋势，以考查学生的生物科学素养为核心。

《普通高中生物课程标准（实验稿）》指出："提高每个高中学生的生物科学素养是本课程标准实施的核心任务。"生物高考命题也必须以考查学生的生物科学素养为核心。生物科学素养是指公民参加社会生活、经济活动、生产实践和个人决策所需要的生物科学知识、探究能力以及相关的情感态度与价值观。高考命题也会注重考查学生这些方面的情况和发展潜能。所以生物高考命题将出现一些明显的趋势。

注重综合性，强化能力测试。高中生物课程标准明确提出高中生物课程的"核心基础内容"是每个学生都必须掌握的，对"核心基础内容"的掌握和应用情况是学生科学素养的重要组成成分。高考命题必然要考查学生科学素养的情况，而高考命题坚持能力立意，所以新课程实施以后，高考的命题必须注重考查学生建立在"核心基础内容"之上的能力情况。

首先，要强调对知识的多角度综合，特别是学科内综合，以考查学生综合运用各方面知识、解决实际问题或者阐述论证自己观点等方面的能力。

高

中生物教师专业能力必修

Gao Zhong Sheng Wu Jiao Shi Zhuan Ye Neng Li Bi Xiu

其次，命题的综合性还要体现在对学生综合素质的考查上。新课程强调学生的科学素养不仅仅体现在对知识技能的掌握情况，而是包括知识、能力、情感态度与价值观许多方面在内的综合素质。生物课程目标之一就是培养和提高学生的这种综合的科学素养。所以高考命题必将十分重视考查学生的综合素质。

增加开放性，进一步联系生活实际。联系生活实际是普通高中生物课程标准确立的课程理念之一。现实生活是广泛的、复杂的，并不仅仅局限于课本所举的例子，而且不同教材所引用的实例也不尽相同，强调进一步联系生活实际，必然要增加试题的开放性。

同时开放性试题量的增加，有利于衡量学生的思维、创新、归纳、概括、综合、表达等多方面的真实能力，消除传统试题侧重衡量学生记忆能力的弊病。高考命题的重要特点是变知识立意为能力立意。增加试题的开放性就是新课程条件下命题的能力立意的需要，它可以衡量、鉴别考生的综合能力，特别是创新潜能的高低。随着新课程的推广和日益深入，增加高考命题开放性的趋势会越来越明显。

增加探究性，强化科学素养的测试。科学探究能力是科学素养的核心内容之一。高度重视学生科学探究能力的培养和发展是新课程最鲜明的变化之一。高考要测量学生的能力，必定要测量学生科学探究的真实能力，包括科学过程与方法，探究的基本技能等。显然，增加探究性的试题，如考查学生对问题的发现和提出、假设的形成、实验的设计、数据资料的分析统计处理、图表信息的阅读与分析、科学结论的推导等方面能力的试题，是高考命题的一个显著趋势，而且其力度会在目前探究性试题的基础上进一步加大。

重视实验设计，考查学生的实践应用能力。以实验为核心的实践和应用是高中生物新课程十分重视的一个方面，在教学中安排了大量实验、调查、实验设计、技术设计、制作等多种形式的实践活动，给学生创造各种应用所学知识解决实际问题的机会和情境，引导学生从实践和应用中深刻体会学习生物学的价值，形成正确的价值观。高考命题要求继续采用多角度、多方位、多层面的实验题考查学生这些能力，因此增加实验题的类型和量，考查学生的实践应用能力应该是高考命题的又一趋势。

重视考查生物学观点，关注生物学热点问题。掌握主要的生物学观点是生物科学素养的重要方面，关注生物学热点问题也是学生生物科学素养的标志。对这两方面的考查是生物高考一贯的特点。新课程更加重视对这两方面的教育，所以高考也必将注重对学生这两方面能力的考查。

此外，较好地协调必修模块内容和选修模块内容的考核，也是命题所必须解决的一个问题。

②生物学高考命题的准备。

生物学高考命题的准备工作主要包括制定考试大纲、考试说明，编制命题双向细目表等。

高等学校招生考试大纲和考试说明是教育部组织专家编写并发布的高考命题和复习备考的指导性文件。生物学高考考试大纲包括考试的性质、考试内容、命题指导思想、考试形式及试卷结构四个部分。

　　生物学高考的性质是"选拔性考试"，"高等学校根据考生的成绩，按已确定的招生计划，德、智、体全面衡量，择优录取"，"高考应有较高的信度、效度、必要的区分度和适当的难度"。这就表明高考同学校平时进行的测验、期中考试和期末考试等水平考试不同，因此在成绩的解释、考试的要求等许多方面也与这些考试不同，应该按照常模参照测验的要求去实施。

　　考试内容一般包括两部分，第一部分是能力要求，第二部分是考试范围。能力要求包括：对知识、专业术语和生物学观点的应用；对文字、图解、图表等生物学信息的理解、分析、解释；实验内容、操作技能、实验验证；实验探究；对生命科学重大热点问题及其对科学和社会的影响、意义的了解等。考试范围则按专题列出要考的知识点。

　　命题思想指出了高考命题的方向和基本原则。这些指导思想主要包括以能力测试为主导、重视对考生科学素养的考查等。

　　考试大纲的考试形式及试卷结构部分规定了答卷方式、考试时间、题型（有时还有题型示例）、内容比例、试题难度、组卷原则等内容。

　　考试大纲不仅是命题人员进行高考命题的依据，也是广大考生进行复习的重要依据。生物高考的复习备考应该以课程标准、考试大纲和考试说明为依据，有针对性地进行复习备考，以提高复习的效果和效率。